KAWADE
夢文庫

アレの名前を言えますか?

博学こだわり倶楽部[編]

河出書房新社

長年疑問だった名前の謎にせまる！ ——まえがき

あるとき、ふと目に入ったもの、ずっと使っているものに、こんな疑問を思ったことは誰にもあるだろう。

「これってどんな名前なんだろう?」「これ、なんでこんな名前なの?」

調べてみると、意外な名前が明らかになったり、深い意味が込められていたり、違った正式名称があったりする。そしてその語源からは「誕生した経緯（けいい）と生みだした人の想い」も伝わってくる。もちろん複数の説があり不確かなものも多いが、それはそれで「どれだけ多くの人が注目し、愛されてきたか」の証明にもなっている。

また、普段何気なく取っている行動や使っているモノに、素敵な名前があることを知ると、愛しさを覚えることもあるだろう。

「名前」とは、その存在の性質をギュッと凝縮（ぎょうしゅく）した濃厚なエキスのようなもの。そのルーツを探る旅のナビゲーションとして、少しでもこの一冊が役に立てば幸いである。

なお、ここで取り上げた説は、諸説ある中のいくつかであることを先にお断りしておく。

博学こだわり倶楽部

アレの名前を言えますか？　もくじ

1章 街中、オフィス、学校で目にするアレの名前

ランドルト環 視力検査の「C」にも名前があった！ 25
気泡緩衝材 梱包に欠かせないあのプチプチ 25
ホッチキス 正式名称ではない名前が広まった 26
ピクトさん 非常口の誘導灯にいる緑の人 27
ペタロイド 炭酸飲料のペットボトルの底の形 28
クロージャー 食パンの袋についている留め具 29
雷紋 ラーメン鉢に欠かせない渦巻き模様 29
糸底 茶碗や湯飲みの底の部分 30
梵天 耳かきの上部にあるフワフワ 31
ルヌーラ 爪の根元の半月形の白いところ 31
グローブジャングル グルグル回る丸いジャングルジム 32
カプセル自動販売機 ガチャガチャの正式名称！ 20
魚尾 原稿用紙の真ん中の黒い部分 20
レーキ 「トンボ」という名は通称 21
ロイター板 跳び箱を跳ぶときに使っていた板 21
スリーブ 消しゴムのケースにも名前があった！ 22
トック・ブランシュ コックが被っている長い帽子 22
フェルール 消しゴムつき鉛筆のあの金具 23
サインポール 理髪店の前にあるクルクル回る棒 24

トグル ダッフルコートの細長い留め具　33
カルトン レジでお金を払うときに使うトレイ　33
新井式廻轉抽籤器 福引で定番のガラガラ　34
ラバーカップ トイレが詰まったら大活躍のアレ　35
ロードコーン 駐車禁止区域によくある円錐の置物　35
ポイ 金魚すくいですぐ破ける道具　36
ツン 上野の西郷像が連れているお供の犬　37
チューブラー・ベル
『のど自慢大会』といえばこの鐘！　38
『大学』 二宮金次郎が読んでいるあの本　38
白毫 大仏の額にあるホクロ状のもの　39
ビコーン ナポレオンのトレードマークの帽子　40
マレンゴ ナポレオンが跨っている馬の名　40
ネメス ツタンカーメンのおかっぱ頭の正体　41
ヘカとネケク
古代エジプト美術でよく見る2本の杖　42
スクエア・ウィグ バッハの面白い髪形はカツラ！　42
飛仙髻・飛天髻 天女や乙姫がしている髪形　43
辮髪 ひと昔前の中国人のイメージといえばコレ　44
モノクル アルセーヌ・ルパンでおなじみの片眼鏡　44
襞襟 エリマキトカゲみたいな襟　45
トンスラ いわゆるザビエルハゲ　45
パニエ ふんわりスカートの骨組み　46
笏 朝廷の人々が手にしていた細長い板　47
カイゼル髭 画家のダリがしていた特徴的な髭　47
トガ 古代ローマの布で巻いただけの服　48
美豆良 古代の日本人がしていた髪形　48
エナン 中世西洋の女性が被ったとんがり帽子　49
オー・ド・ショース
西洋絵画の貴族が履いてるパンツ　50
殖栗皇子・山背大兄王
聖徳太子の肖像画の両隣の子ども　51
タンブルウィード 西部劇で転がる謎の丸い塊　51
緊箍児 孫悟空の頭にはまっている輪　52
ガベル 裁判官が叩く木製のハンマー　53
ムレータ 闘牛のラストで使われる赤い布　54

2章 昔からあるけれど、意外に知らないアレの名前

粘着式クリーナー ついつい「コロコロ」と言ってしまうが… 56
インキ浸透印 「シャチハタ」は商品名ではなく社名! 56
ドラキュラマット 肉や魚の下に敷かれ、血を吸うことから 57
たとう紙 着物をしまうときに欠かせない紙 58
らっきょう玉 がま口のフチについた丸い留め金 59
グレービーボート 高級レストランで見るカレールーの容器 59
額帯鏡 お医者さんが頭につけてる丸い鏡 60
アレオーレ サボテンのトゲの付け根のフサフサ 61
ソクパス 靴下を買うとついてくる金具 61
松竹錠 木札を差し込んで解錠するカギ 62
大幣・大麻 神主がお祓いのときに左右に振るもの 63
務歯 ファスナーの歯にも名前あり! 64
識別リブ シャンプーボトルについたギザギザ 64
ペグシル クリップ止めのついた、あの鉛筆 65
フラワーホール ジャケットの襟にある謎の穴 66
クリース スーツのズボンについている折り目 67
経木 食品を包むペラペラの木 67
社名表示灯 タクシーの屋根についてるアレ 68
蒸籠 和食と中華で読み方が違う蒸し器 68
面ファスナー マジックテープの正式な名前 69
グラシン紙 肉まんの下に敷かれている薄紙 70
アルベド つい取りたくなるミカンの白い筋 70
シュガースポット バナナに出てくる茶色い斑点 71
定式幕 歌舞伎の舞台を飾る縦三色の幕 72
相輪 五重塔の上についている豪華な飾り 72
ちろり 昔懐かしい酒の燗容器 73
クラムシェル型携帯電話 二つ折りのパカパカケータイ 74

フランス落とし 扉や窓の下にある固定用の金具 75
グレーチング 道路脇の排水溝にある格子状のフタ 75
ラットテール・コーム
持ち手部分が細くなっているクシ 76
パーゴラ 植物のつるをはわせる棚 77
ろくろ 傘の骨が集まっている部分 77
タレ瓶 弁当に入った、小さな醬油入れ 78
擬宝珠 橋の手すりの柱にあるタマネギ 79
ヘッドピン ボウリングの先頭のピンの愛称 79
バラン おかずを仕切るギザギザで緑の葉 80
鯨幕 葬式のときに使われる白黒の幕 81
頂華 旗の先についている丸い玉 81
SOS 海外映画で見るマチのついた紙袋 82
スキットル 映画でおなじみの、酒を入れる銀色容器 83
四阿 屋根と柱だけしかない休憩所 83
インバネスコート
シャーロック・ホームズといえばこれ 84
フレキ管 自在に曲がる蛇のような金属パイプ 85
ズケット カトリック聖職者が被る小さな帽子 86
アスクレピオスの杖 WHOのロゴマークに描かれた杖 86
切羽 刀のつばを挟むように装着する金具 87

3章 まさか名前があったとは…現象・行為の正しい名称

ELIZA効果 機械なのに人間味を感じてしまう 90
モアレ 模様が干渉し合って突然生まれる柄 90
ペンローズの階段 エッシャーのだまし絵として有名 91
ウェルテル効果
連鎖的に自殺が増えるのをなぜこう言う？ 91
TOT現象 名前が出そうで出ない、あの感じ 92
エコーチェンバー現象
「自分が正しい」がどんどん増強される 93
ジャネーの法則
加齢と共に時の流れが速く感じられること 93

コリジョンコース現象
目の錯覚で近づく車が止まって見える　94
シンクロニシティ
偶然では片づけられない奇妙な一致　95
ストライサンド効果
削除したのにどんどん拡散されていく…　95
ファントム・バイブレーション・シンドローム
着信かと思ったら何でもなかった　96
シミュラクラ現象
三つ点が集まると人の顔に見えてしまう　96
トリスカイデカフォビア　不吉のナンバー13恐怖症！　97
パウリ効果　自分が触れるとなぜか機械が壊れる…　98
ハローエフェクト　この人が言うんだから間違いない！　99
ピグマリオン効果　期待の有無が成績を左右する?!　99
ブーメラン効果　求めれば求めるほど離れていくこと　100
スプーナリズム「夏は暑い」→「あつはなつい」など　101
ベイカー・ベイカー・パラドクス
名前以外は覚えているのに…　101
プルースト効果
匂いを嗅ぐと「あの日々」を思い出す　102
ゲシュタルト崩壊
凝視するほどバラバラに見えてしまう　103
ロングテール現象　2割のヒットが8割の売り上げを
稼ぐという法則の真逆　103
ダニング＝クルーガー効果
ダメな奴ほど自分を過大評価しがち　104
ツァイガルニク効果
成功より失敗ばかりが頭に浮かぶこと　105
パラドクス「私は嘘つき」という発言は事実か？　106
スモール・ワールド現象
世界は驚くほど小さかった?!　107
シュリンクフレーション
値段は据え置きで容量が小ぶりに…　107
先天的音楽機能不全　いわゆる「音痴」の正式名称　108
ジャーキング　居眠りしてたら突然ビクッとなるアレ　109
モロー反射　乳児に見られる無意識のしぐさ　109

アイスクリーム頭痛
最近までこれが正式名称だった！ 110
イヤーワーム現象 あの曲が耳から離れない！ 110
獲得的セルフ・ハンディキャッピング
追い込まれるほど他のことをしてしまう 111
ガルバニー電流 金属を噛むと起こるキーン！ 112
ドッグイア 形が犬の耳に似ていることから 113
スタンダールシンドローム
芸術鑑賞をすると急に具合が悪くなる？ 113
眼前暗黒感 立ちくらみの正式な名前 114
ネーザル・サイクル
鼻詰まりが左右交互に起こる現象 114
ハイウェイ・ヒプノーシス
高速道路で睡魔に襲われるわけ 115
トボガン ペンギンの腹這い滑り 115
グース・ステップ
足をピンと伸ばして歩く軍隊の行進 116
ドラミング「ゴリラの胸叩き」の意外な効果とは 117
ブラキエーション テナガザルの移動方法 117
ペダンクルスラップ 雄クジラの行なう威嚇行為 118

4章 有名な人・モノ・動物の名に隠された仰天の話

ピカソの本名は93文字もあった！ 120
その本名からして神に愛されていたモーツァルト 120
三島由紀夫の名字の由来は三島駅だって？ 121
司馬遼太郎の名は司馬遷へのリスペクトから生まれた 122
正岡子規は夏目漱石に
自分のペンネームをあげていた！ 122
二葉亭四迷の「くたばってしまえ」は
自らが放った言葉だった 123
江戸川乱歩はランポウ＝藍峯と
最初は名乗っていた！ 124
永井荷風の名は恋した女性の名前にちなむ 124

夢野久作は父親の発した一言からこの名をつけた 125
樋口一葉という名前は
自分の境遇をたとえたペンネーム 125
山本周五郎は支援してくれた
質屋の店主の名前だった！ 126
国木田独歩の名は「別れた妻との決別」を表していた 127
泉鏡花のデビュー時のペンネームは
「畠芋之助」だった！ 128
島崎藤村の名は失恋から生まれたものだった 128
北原白秋は中学時代のくじ引きで
たまたま決まったペンネーム！ 129
石川啄木の名の由来は、
故郷にキツツキがたくさんいたことから 130
堺屋太一は作家になる前から
このペンネームを使っていた！ 130
阿佐田哲也という名は「朝だ！ 徹夜だ！」と叫んだ
ことが由来 131
野口英世は坪内逍遥のせいで本名を捨てるはめに 132
千利休という名は
死後に一般的になった名前だった?! 132
紫式部の名は『源氏物語』からとられていた呼称 133
葛飾北斎は5年しか使われなかった雅号だった！ 133
ルイス・キャロルは言葉遊びで作った名前 134
スターリンという名前は
たくさんある偽名の中の一つ！ 135
マーク・トウェインは蒸気船の
水先案内人の掛け声から 136
ルイ・ジュリアンの本名はとてつもなく長い… 136
ベーブ・ルースのベーブは赤ちゃんからきていた?! 137
シャープペンは省略された名称だった 138
トランプという言葉は日本でしか通用しない？ 138
ハロウィンのカボチャの正式名称に秘められた
怖〜い話 139
ピアノの正式名称は「強音も弱音も出せるチェンバロ」 140
よだれかけの通称であるスタイは英語ではない 140
ゴリラの学術名は「ゴリラゴリラ」 141

車のマフラーの出口にはちゃんとした
名前があるって?! 142
北極星は「同じ星」を指しているわけではなかった! 142
モヒカンはこのヘアスタイルをしていた
先住民族の名が由来 143
海ブドウの学名は「くびれのあるツタ」 144
消火器という名は略称だって知ってた? 144
金閣寺・銀閣寺と呼ばれるようになったわけとは? 145
レーザーは正式名称の頭文字から取られていた 146
エアーズロックは入植した西洋人がつけた名前 146
日本の紙幣は正式には「お札」ではなく「券」 147
東京タワーという通称が不人気なのに
呼ばれるようになったわけ 147
ウーパールーパーは日本でつけられた独自の名前 148
パンチパーマは本当はそう呼ばれていなかった! 149
フリーメーソンは石工職人の組合がルーツ 149
ナチスとはそもそも蔑称として用いられた語 150
自由の女神の正式名称に「女神」という言葉はない 150
セメダインの正式な商品名は「C」のみ! 151

5章 なぜ、そう言うようになった? 俗語・慣用句の由来

マジ 「まじろぐ」→「真面目」からきている古い言葉 154
タメ 博打場での言葉が訛ってできた 154
メンツ もとは中国語で昭和以降に定着 155
ビビる 今ドキの言葉と思いきや
江戸時代からあった! 155
インフルエンザ 「インフルエンサー」との意外な関係 156
ざっくばらん 髪がばらりと乱れた様子から 157
レストラン 「回復」を表す言葉が由来 157
スパム 迷惑メールと缶詰との関係とは 158
にっちもさっちも もともとはそろばん用語 159
ゴリ押し 「ゴリ」っていったい何のこと? 159
ぞっこん 昔は「惚れる」の意味以外にも使われていた 160

やたら 魚のタラとは無関係！ 160
エッチ さまざまな起源を持つ由緒ある言葉だった 161
WC なぜトイレをこう表すの？ 162
空飛ぶ円盤 いろんな形があるのに「円盤」というわけ 162
よもやま話 「よもやま」とは四方八方のこと 163
ダサい なぜイケていないことを
こう言うようになったのか？ 164
しかと もとは賭博師の間で使われていた言葉 164
なあなあ 歌舞伎の内緒話のシーンが由来 165
現金な人 江戸時代の商人の態度から 165
眉唾 本当に眉に唾をつけていた！ 166
突拍子もない 「突拍子」って何のこと？ 167
どんでん返し 歌舞伎で場面を転換する様子から 167
おあいそ 会計のときにこう言うわけ 168
ダメ 囲碁でどちらの陣地にもならない場所のこと 168
トンチンカン 鍛冶屋での音から生まれた言葉だった 169
てんやわんや 実は関西の方言が混じっている！ 170
うつつを抜かす 「うつつ」とは現実のこと 170
腕白 「腕」が「白い」のにいたずら盛りを意味するわけ 171
素敵 良いことなのになぜ「敵」を使うのか 171
目安 平安時代から続く由緒ある言葉 172
毛嫌い 「嫌い」の上に「毛」がつく深いワケ 172
コンパ 実は明治時代から使われていた 173
おじゃん 江戸時代の火事の際に鳴らす
半鐘の音がもとに 174
濡れ衣を着せる 諸説ある濡れた衣の由来 175
屁の河童 河童にも屁にも特に意味はない 175
ホゾを噛む 後悔するとおへそを噛むの？ 176
ハイジャック 「ハイ」は高いという意味ではない 177
万引き 「万」は単位だと思いがちだが… 177
狼狽 この漢字が指している動物とは 178
ロードショー もともと演劇界で使われていた 178
めじろおし メジロが列をなして
ひしめいている様子から 179
うだつが上がらない 「うだつ」とは何のこと？ 180
どすこい 力士は「どすこい」なんて言わないが… 180

ハイカラ からかいの言葉だったが
今では好意的な意味に 181
グレる 「グレ」の字はどこからきた? 182
下戸 もとはお酒が飲めないほど貧乏な人のこと 182
赤の他人 赤と他人は何か関係がある? 183
ロートル 中国語の「老頭児」が語源 183
ミーハー 当時の若い女性が好きだったものの頭文字 184
ボイコット 農民と対立した
イギリスの貴族の名前が由来 184
デカ いったい刑事の何がデカいの? 185
ドサ回り 「ドサ」とは佐渡のことだった! 186
四苦八苦 仏教語では人間のあらゆる苦しみのこと 186
バスター 日本人の勘違いから広まった和製英語 187
五月晴れ 「貴重な晴れ間」がもともとの意味 188
十八番 歌舞伎の市川家とゆかりがある?! 189
手前味噌 身内自慢を味噌にたとえるわけ 189
ゴマをする べったりとすり鉢につく様子から 190
舌を巻く 2000年前からすでに使われていた! 191
でくのぼう 「でく」とは操り人形のこと 191
二枚目 イケメンをこう呼ぶわけ 192
元の木阿弥 木阿弥は実在した
影武者のことだった! 193
張本人 「張・本人」ではありません 193
てんてこ舞い いったいどんな舞いなのか? 194
オタク 蔑称扱いだったはずが今やマニアの意味に 194
ドラ息子 「ドラ」にまつわる二つの由来 195
板につく 板前の「板」ではない! 196
お転婆 子どもなのになぜおばあちゃん?! 196
じゃじゃ馬 坪内逍遥の翻訳によって現在の意味に 197
土左衛門 水死体のことをなぜこう呼ぶ? 197
キツネの嫁入り 天気雨をキツネにたとえたわけ 198
ウドの大木 成長したウドが食べられないことから 199
沽券にかかわる そもそも沽券とは何なのか 199
こけら落とし 記念すべき日に何を落としていた? 200
おシャカになる 職人の言葉遊びから生まれた表現 200
金字塔 実はピラミッドのことを意味していた 201

たわけ者 田を分ける人が愚か者だって?!　201
ボウズ 1匹も魚が釣れないのを
なぜこうたとえた?　202
ブランコ 外来語と思いきやれっきとした日本語　203
お年玉 もともとお餅を意味する言葉　203
みかじめ料 「みかじめ」が意味するものとは　204
風呂敷 本当に風呂で使われていた!　205
ビー玉 言葉の由来は「B玉」か「ビードロ」か　205
ラムネ レモネードが訛ってそう呼ばれるように　206
やかん 最初は薬を煎じるための道具だった　206
カンカン帽 「カンカン」とはどういう意味?　207
やじろべえ 『東海道中膝栗毛』の
弥次さんがモデル?　207
リーゼント 後頭部がロンドンにある道に
似ていることから　208
ゴーゴー アメリカ発祥なのに
フランス語由来の言葉　209
こっくりさん 「こっくり」とは何のこと?　209

6章 話のネタにもってこい! 驚きの事実を秘めた言葉

大河ドラマ 最初にこう表現したのは
NHKではなかった　212
紅白歌合戦 「赤」ではなく「紅」の理由とは　212
パラリンピック 昔と今では
「パラ」の意味が違うって?!　213
パリコレ 本場でこの名は使われていない!　213
鉛筆のH・B どうしてこの対比なのか?　214
リカちゃん人形 意外に細かい設定があった!　215
くわばらくわばら 「くわばら」とは何のことか　215
あんぽんたん 効き目がゆっくりの
薬の名前からきていた　216
ちんぷんかんぷん 言葉どおり
起源もはっきりしない　217

ちちんぷいぷい 由来は見事なおならの音だった?! 217
アブラカダブラ 医療用のまじないだったって? 218
ドナドナ ユダヤ人迫害を憂い作られた歌だった 219
エロイムエッサイム 意味がわからないように
作った? 219
トラトラトラ 動物の「トラ」かと思いきや… 220
エバンジェリスト 某大ヒットアニメと同じ由来! 220
ホラント オランダを現在こう呼ばないわけ 221
ジャパン 日本はなぜ海外でこう呼ばれるのか? 222
アラン・スミシー 映画監督の身バレ回避の
応急措置だった! 222
コサック・ママーイ モノの擬人化の先駆け的存在 223
ジョン・ブル イギリスといえば…
が凝縮された人物像 224
マリアンヌ フランスの象徴といえばこの女性 224
アンクル・サム ジョン・ブルに対抗して
生まれたキャラ 225
ユカワ 湯川秀樹にちなんだ○○の名称 226

7章
食卓が盛り上がる! あの料理名・食品名の謎

ハヤシライス ハヤシさんが初めて作ったメニュー? 228
ナポリタン トマトソースのパスタは
何でも〝ナポリ風〟だった 228
カレー 「スパイスで煮込んだソース」が有力な説 229
ハンバーグ アメリカではなく
ハンブルク発祥の料理だった 229
サニーレタス 偶然通った日産の車がまさかの由来! 230
カラザ 「殻座」はたんなる当て字 231
ハイボール 鉄道と縁のある名前だった 231
ビスケット 保存食として
二度焼きしていたことから 232
エクレア フランス語で「雷」を意味するって?! 232
泡盛 江戸時代から使われていた名称 233

ベーグル 鐙＝ビューゲルに似せて
作られたという説が有力 234
助六寿司 歌舞伎演目の美男美女が由来 234
モンブラン 栗がのったケーキをどうしてこう呼ぶ？ 235
ホルモン 内臓全般を「ホルモン」と呼ぶわけ 236
フィナンシェ 菓子名に「お金持ち」とつけた意図とは 236
コブサラダ 「コブ」には大事なメッセージが
隠されていた 237
ドリア 実は日本発祥の料理だった！ 238
カルパッチョ 料理人ではなく画家が名前の由来 238
ホットドッグ 〝熱い犬〟とはこれいかに？ 239
がんもどき 鳥のガンとの接点はあるか 240
海苔 粘り気のある性質を表現した名前だった 240
トロ 古くは「腐った状態」を表す語だった 241
クロワッサン 三日月の形に秘められた
パン屋の大手柄 242
ジャガイモ 「ジャガ」は何を意味している？ 242
バッテラ お寿司なのになぜカタカナ名なのか 243
グラタン フランス語で「ひっかく」という名に
されたわけ 244
ちゃんぽん 中華料理店で生まれた
ポルトガル語の料理！ 244
メロンパン 発祥・名称すべてが謎だって?! 245
サンドウィッチ 古代ローマ時代からあったが
この名がついたのは18世紀 246
パフェ 「完璧なデザート」という意味から 246
ケチャップ ケチャップのルーツは中国にあった！ 247
羊羹 どうして名前に「羊」がいるのか 248
マヨネーズ その発祥地を巡り譲らない三つの国とは 248
コロッケ 日本のコロッケは「亜種」だって?! 249
時雨煮 風流なネーミングの裏に文化人あり 250
ところてん 「心太」と字を当てるのはなぜ？ 251
ラーメン 室町時代には原型がすでにあった 251
金平糖 織田信長が感動した
ポルトガル由来のお菓子 252
蒲焼 その姿が「蒲の穂」に似ていたことから 253

かやくごはん 「火薬」ではなく「加薬」が語源! 253
幕の内弁当 「幕の内」とは何を指すか 254
アンデスメロン 正式名称は「安心ですメロン」 255
メンマ 「麺にのせる麻筍」の略称だった! 255

8章 おなじみの商品名・企業名の「へぇ〜」な成り立ち

マッキントッシュ アップル社との深い関係とは 258
サランラップ 開発者の2人の妻の名前だった 258
ペヤング 実は若い人への願いが込められていた 259
ジャワカレー ジャワ島とはあまり関係がない 260
どん兵衛 「どん」を巡って社内で大論争に! 260
ペプシコーラ もとは消化不良に効く薬として開発された 261
タバスコ 調味料名ではなくれっきとした商品名! 262
スジャータ お釈迦様に乳粥を渡した娘の名から 262
カール 当時流行した人形が名前のルーツ 263
ポッキー ヨーロッパでの呼称は「MIKADO」 264
チロルチョコ 地図でたまたま見つけた地名が商品名に 264
グリコ 「もったいない」精神が商品誕生のきっかけ 265
ククレカレー レトルト食品の特徴を言い得た名 266
かっぱえびせん かっぱはどこから出てきた? 266
チェルシー 「キングスロード」になっていたかも?! 267
源氏パイ 「源氏」という名がついているわけ 267
クッピーラムネ 「クッピー」の正体とは 268
カルピス パッケージの水玉模様に意外な秘密が! 269
八ツ橋 起源をたどると浮かぶ二つの説 270
Google 綴り間違いが社名になってしまった! 270
Amazon 弁護士の聞き間違いのせいでこの社名に 271
Mixi シンプルな名前とは裏腹に奥深い社名だった 272
Yahoo! 創業者と公式とで割れる企業名の由来 272
SONY 「小さいけれど若くてはつらつとした集団」の意 273

ソフトバンク 〝ソフトな銀行〟ってどういう意味？ 274
WOWOW 三つの「W」が表しているもの 274
Facebook アナログなツールが社名の由来だった 275
楽天 自由闊達な市場を目指して名づけられた 276
スタジオジブリ 「熱風」が指す言葉の真意とは 276
スターバックス 『白鯨』のキャラが名前の由来 277
花王 「花の王」ってどういうこと？ 278
キヤノン 「ヤ」の文字を大きくしたわけ 279
資生堂 西洋と東洋の融合を社名に込めた 279
ダスキン 社名がぞうきんに
なるかもしれなかったって？ 280
サンスター 太陽と星を社名にした理由 281
サンリオ 創業地へのこだわりが含まれている？ 282
S&B 「スパイスとハーブ」が由来ではなかった！ 282
ドトール 修業時代を忘れないようにと
つけられた 283
トンボ鉛筆 縁起の良い虫である
昆虫のトンボにちなむ 284
カゴメ 「籠の目」ロゴマークを社名に反映した 285
旭硝子（AGC） 当初は「三菱硝子」に
なるはずだった 286
ワコール 近江商人の誇りが込められていた 286
パナソニック 「ナショナル」が社名に
残らなかったわけ 287
すかいらーく もともとひばりが丘の
食料品店だった 288
マツダ 社名をMA〝Z〟DAとしているわけは 289
アステラス製薬 明日を照らすという
意味だけではない 290
コクヨ 創業者の誓いが込められていた 290
ゼブラ どうしてシマウマが社名なの？ 291
ヤンマー 大きなトンボであるオニヤンマが由来 292
ニッカウヰスキー 「ニッカ」ってどういう意味？ 293
ヤクルト エスペラント語を取り入れた社名だった 294
カルビー カルシウムとビタミンを
組み合わせた造語！ 294

イオン 「永遠」を意味するラテン語から 295
湖池屋 社名の「湖」は諏訪湖を意味していた！ 296
東宝 宝塚歌劇団と関係していた！ 297
アシックス 社名は古代ローマの詩人ユベナリスの言葉から 297
ミズノ 創業者は「水野」なのに社名が「美津濃」なわけ 298
三省堂 論語の言葉からとられていた！ 299
BMW 社名は何を略しているの？ 300
パイロット 文房具会社なのにどうしてパイロット？ 300
オリエンタルランド 関係者の熱意がそのまま社名に 301
吉野家 「吉野」は創業者の出身地だった 302

カバー・帯写真・CG◉123RF／PIXTA
本文写真◉PIXTA
フォトライブラリー
株式会社前川金属工業（P74）
協力◉オフィステイクオー

1章

街中、オフィス、学校で目にするアレの名前

◆例えば「回るジャングルジム」を何と言う?

カプセル自動販売機

ガチャガチャの正式名称！

コインを入れてレバーを回すと、カプセルに入ったおもちゃなどが出てくる「ガチャガチャ」。「ガチャポン」「ガシャポン」「ガチャ」などとも呼ばれるが、正式名称は「カプセル自動販売機」。

カプセル自動販売機は球状ガムの小型自動販売機が始まりとされ、最初に設置されたのはアメリカである。やがてガム以外に、カプセルに小さなおもちゃを入れて販売されるようになった。

日本に輸入されたのは１９６５年で、83年には「キン肉マン消しゴム（キン消し）」などの登場によりブームが到来。子どもだけでなく大人向けの商品も開発され、息の長い人気を保っている。

魚尾

原稿用紙の真ん中の黒い部分

市販の原稿用紙の真ん中にある折り目部分に、蝶(ちょう)ネクタイのような形をしたマークが印刷されていたことを覚えていないだろうか。

このマークは「魚尾(ぎょび)」と呼ばれ、魚の尾の形に似ているのが名前の由来だ。その役目は原稿用紙を半分に折るときの目安である。

江戸時代の和装(わそう)本は、ほとんどが用紙の裏面を使わない「袋綴(ふくろと)じ」で、その際に版の中心

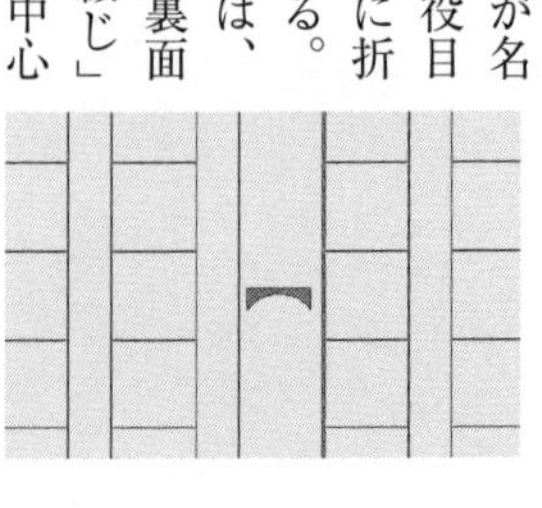

を示すために用いられたことが始まりとされる。

魚尾には「黒魚尾」「白魚尾」「花魚尾」などの種類があり、作品や作家によって使い分けられていた。

レーキ

「トンボ」という名は通称

体育の授業や部活動の後でグラウンドをならすT字型の器具。昆虫のトンボに似ていることから、通称で「トンボ」と呼ばれているが、正式名称は「グラウンドレーキ」。「レーキ(rake)」は名詞で「熊手」、動詞で「かきならす」などの意味を持つ。

かつては鉄製か木製が多かったが、現在ではプラスチックなどを使って軽量化し、それでもきちんとならすことができるよう、地面に当たる部分にギザギザを入れるなどして改良された製品が作り出されている。

ロイター板

跳び箱を跳ぶときに使っていた板

小学校の体育の授業で行なわれる跳(と)び箱。勢いをつけて走っていき、思い切り踏み込んで跳び越える。このときに弾(はず)みをつける板が「踏切板(ふみきりばん)」で、おおまかに3種類に区分される中の一つがロイター板である。

ロイターというのは、開発者であるリチャード・ロイターに由来。通常の踏切板が反発の工夫がされていない合板の箱であるのに対し、ロイター板は木のしなりを活かしたつくりになっていて、強く踏み込めばその分だけ反発力も強くなる。つまりそれだけ高い跳躍（ちょうやく）が可能になるというわけだ。

なお、体操競技の跳馬で用いられる金属のスプリングが挟まれたタイプを「跳躍板」という。ただ、この三つの定義はあいまいで、「ロイター式跳躍板」と紹介される場合もある。

スリーブ

消しゴムのケースにも名前があった！

消しゴムに巻かれている紙のケースにも名前がある。その名も「スリーブ」。衣服の袖（そで）やレコードジャケットにも使われる言葉で、「筒状（つつじょう）のもの」「鞘（さや）」といった意味を持つ。

名前があるくらいだから、ちゃんとした役目もある。プラスチック製の消しゴムは柔らかく、むき出して使っていると、折れてしまうことがある。スリーブは、それを防止する役目を負っているのだ。

トック・ブランシュ

コックが被っている長い帽子

フランス料理店の料理長が被（かぶ）っている、背の高い帽子。名前を「トック・ブランシュ」といい、「トック」はフランス語で「コック」、「ブランシュ」は「白」を意味する。

白い色は清潔(せいけつ)なイメージを表現している。さらにどんなシミや汚れもすぐにわかるようにと配慮されているのだ。

筒形の高いつくりになっているのは、厨房(ちゅうぼう)内は暑いので空間を作って涼(すず)しく感じられるようにした、もしくは身長を高く見せて威厳(いげん)を示したなどの説がある。

実際、帽子の高さは調理人の階級を表し、料理長を表す「グラン・ボネ」は「大きな縁(ふち)なし帽子」という意味だ。また、「トック・ブランシュ国際倶楽部」という、世界的に有名なフレンチレストラン料理長だけが加盟できる団体も存在する。

フェルール

消しゴムつき鉛筆のあの金具

商品開発における発想の基礎には、「転用」「応用」「変更」「拡大」「縮小」「代用」「置換(ちかん)」「逆転」「結合」などがあり、このうち結合で生みだされたのが「ゴムつき鉛筆」だ。この、「すでにある二つの商品をくっつける」というアイデア手法は「ハイマン法」といわれ、その名前の由来となったハイマン・リップマンこそ、ゴムつき鉛筆の発明者なのだ。

1858年、アメリカ人のハイマンは、デッサン中にかたわらに置いた消しゴムを探す手間を省(はぶ)くために、消しゴムをくっつけた鉛筆を考えた。

やがて改良が加えられ、消しゴム

は金属で固定されるようになる。この消しゴムと鉛筆の固定部分の名を「フェルール」という。

配管や光ファイバーを接続する時に使う部品もフェルールと呼ばれ、日本語でいう「継手」の意味で用いられる。

サインポール

理髪店の前にあるクルクル回る棒

この頃は置いていない店も見かけるが、昭和時代頃の理髪店には必ず設置されていた回転灯。赤・白・青の三色が斜め縞模様になっていて、壁に掲げる小ぶりなものから地面に構える大きなものまで種類もさまざまだった。

この円柱型回転灯看板は「サインポール」といい、世界共通のマークである。

ただ、サインポール自体は和製英語で、本来は「バーバーポール（barber pole)」という。

日本でのお目見えは、西洋の理髪技術が入った明治初期。明治4（1871）年の地誌や翌年の新聞には、すでに現在と同じ色配分のサインポールを置く理髪店の様子が記されている。ただし、サインポールや本家本元のバーバーポールという呼称ではなく「有平棒」と呼ばれていた。

有平棒は安土桃山時代にポルトガルから伝来した砂糖菓子「有平糖」をもじったもの。色づけされたり、ねじられたりしていたそのアメと形が似ていることから呼ばれるようになったようだ。

ランドルト環

視力検査の「C」にも名前があった!

しゃもじのようなもので片目を隠して検査表の前に立ち、「C」に似たマークの切れ目を見る視力検査。最近は、機械の内部に投影されたマークを見るものもある。運転免許証の更新でもおなじみだ。

あの「C」のマークは「ランドルト環(かん)」と呼ばれ、1888年にフランスの眼科医ランドルトが考案したものだ。1909年にはイタリアで開かれた第11回国際眼科学会で国際的な標準視標として採用され、正式名称は「国際標準ランドルト氏環」という。

基準は直径7・5ミリ、太さ1・5ミリの円の一部が1・5ミリ幅で切れている環を5メートル離れたところから見て、切れている方向がわかる能力を「視力1・0」とする。

気泡緩衝材

梱包に欠かせないあのプチプチ

ガラスや陶器(とうき)の製品を衝撃から保護するために使われる包装材。2枚のポリエチレンシートの間に空気の入った突起があり、これをつぶすときになる音から「プチプチ」と呼ばれる

ことが多い。しかし、この「プチプチ」は梱包資材メーカー川上産業株式会社の登録商標であり、正式名称は「気泡緩衝材」。1957年にアメリカの技術者が発明したものだ。

気泡緩衝材は「プチプチ」の他にも、同じ川上産業株式会社の「エアピロン」、酒井化学工業株式会社の「エアーキャップ」「ミナパック」、株式会社ジェイエスピーの「キャプロン」など、多くの商標が登録されている。

ちなみに8月8日は「プチプチの日」。これは川上産業が2000年に定めた記念日で、突起を二つ合わせた見た目が「8」に似ていることと、つぶすときの音が「パチパチ」とも聞こえることを理由としている。

ホッチキス

正式名称ではない名前が広まった

紙を綴じるのに便利な「ホッチキス」だが、この道具の名称は、新聞用字用語集を見てみると「ホチキス」、日本工業規格（JIS規格）では「ステープラ」と定められている。つまり、よく耳にする「ホッチキスは登録商標」というのは誤りだ。

このホッチキスには謎が多く、発明者についても明らかになっていない。正式名称といわれる「ステープラ」は、「定番」や「固定」を意味する「ステープル（staple）」が語源だ。

「ホッチキス」という名称は、1903年に日本で初めて販売されたアメリカ製の機器に「HOTCHKISS No.1」と刻印されていたことにちなむ。これはＥ・Ｈ・ホッチキス社製というブランドと形式を表示したもので、そこから「ホッチキス」の名が全国に広まり、商品名として定着したと考えられている。

ピクトさん

非常口の誘導灯にいる緑の人

ビルの中や駅の構内などで見かける非常用出口の標識には、半透明の表示板に緑色の誘導灯がついており、出口へと駆け込む人物が描かれている。

実はこの人物には、きちんと名前がつけられているのだ。その名は「ピクトさん」。

名前の由来は英語の「ピクトグラム（pictogram）」から。ピクトグラムとは「絵文字」「絵単語」を意味し、図で表現することで言語に制約されずに内容の伝達を行なう目的で使用されている。

緑色の非常口の標識は１９７９年に自治省（現総務省）消防庁によって一般公募された３３３７点の中から選ばれた作品を、デザイナーの太田幸夫氏が改良してデザイン化。１９８７年には国際規格ＩＳＯに選ばれた。

ピクトさんという正式名称は、「日本ピクトさん学会」の内海慶一会長により２００３年に命名されたものである。

逃げ出すピクトさんの他に、滑って転

びやすい場所にいるピクトさん、頭をぶつけやすい場所にいるピクトさんなど、バラエティも豊富になっている。

ペタロイド

炭酸飲料のペットボトルの底の形

近年、飲料の容器はペットボトルが主流だ。これまでの清涼飲料水のみならず、ウイスキーや焼酎といったアルコール度数の高い飲み物もペットボトルで売られている。

そんな中でも、炭酸飲料を入れたペットボトルの底には、ある工夫がなされている。

コーラやサイダーといった炭酸飲料のボトルは、充塡してから時間が経つと炭酸ガスの圧力で膨らんでしまう。それを防ぐため、五つの花びらのような足がつけられているのだ。

この花びらの形を「ペタロイド」という。ペタロイド（petaloid）とは、英語で花弁もしくは花紋のこと。

底の厚さを増やし、材質の強度を上げたうえでさらに花弁状の足をつけることで、ボトルが自立できるようにしているのだ。

クロージャー

食パンの袋についている留め具

コンビニやスーパーのパン売り場には、さまざまな種類の食パンが並んでいる。共通しているのは、袋の口の留め具だ。プラスチックでできた留め具は、色の違いこそあれ形は一緒。

そんな留め具は「クロージャー」「バッグクロージャー」と呼ばれるが、正式名称は「クイック・ロック・バッグ・クロージャー」。アメリカのクイック・ロック社の創業者フロイド・パクストンが発明し、特許を取得した。

包装機械事業を営んでいたパクストンは、1952年にリンゴを詰めた袋の口を簡単に閉じる方法として考案。やがてパンの包装にも使われるようになり、1960年代には同社の従業員が自動袋詰め装置を発明する。のちにこれに対応した自動結束機も開発されて作業量が飛躍的に向上した。

日本では埼玉県川口市に工場を置くクイック・ロック・ジャパン株式会社のみが製造している。

雷紋

ラーメン鉢に欠かせない渦巻き模様

昔ながらの中華料理店やラーメン店では、必ずといっていいほど渦巻き模様の入った鉢や皿に料理を盛っていた。この模様の名前を「雷紋」という。

古代中国では雷を自然界の驚異の象徴とし、また雷が落ちることで豊かな実りがもたらされるとも考えられていた。

実際に、雷の多い年は豊作になることが多く、これは落雷による大きな電流で大気中の窒素が土壌に固着されるからだと考えられている。「稲妻」や「稲光」で「稲」という字を使うのは、これらの理由からだ。

中国では紀元前の青銅器からも雷紋が見られ、日本では弥生式土器に刻まれているものもある。

日本の中国料理店で使われるようになったのは、明治時代に横浜が開港して、中国人通訳が伝えたことがきっかけだといわれている。

糸底
茶碗や湯飲みの底の部分

茶碗や湯飲みには、底の部分に低い台があり、手に持つとき指をかけるのに便利だ。また、あの部分があるから安定してテーブルに置ける。

この台の底の部分を「糸底」もしくは「糸尻」という。こねた土をろくろで回して造る陶磁器は、最後にろくろから離すとき、糸でスパッと切って外す。糸底という名前は、そこから呼ばれるようになった。

なお、茶席などでは直接畳の上に碗を置くことから、「畳付」と呼ばれることもある。

また、糸底は台がテーブルなどと接する面だけを指すことがあり、その場合は台を「高台」といって区別する。

梵天

耳かきの上部にあるフワフワ

ヘラの部分で耳の中をかき、最後に綿の部分で細かい垢を取り除く。これが耳かきの一般的な使い方だろう。そんな綿の部分の名前が「梵天」だ。

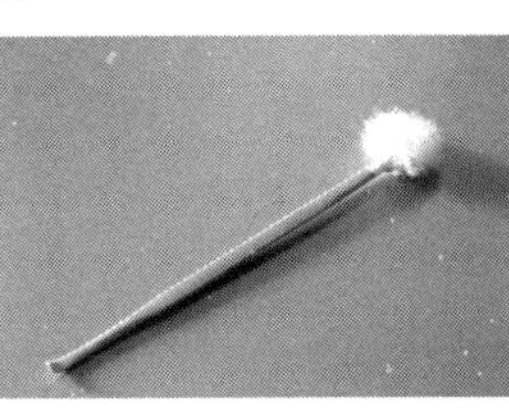

もともと梵天とは棒の先に球状の飾りをつけた大型の御幣をいい、東北地方では、これを神の依り代として奉納する祭礼が多く見られる。梵天の語源は依り代や神座を意味する「ホデ」から。この梵天に似ていることから、綿の部分を梵天と呼ぶようになった。

現在のような耳かきが発明されたのは、江戸時代の18世紀半ば頃。耳かきを専門に行なう「耳垢取」という職業もあったとされる。

ルヌーラ

爪の根元の半月形の白いところ

爪の根元にある白い半月形部分は日本語で「爪半月」といわれ、英語の「ハーフムーン」や、ラテン語の半月や三日月を意味する「ルヌーラ」と呼ばれることもある。このルヌーラが大きいと健康状態が良好だといわれるが、本当のところは関係がないようだ。

　普通、爪と呼んでいる硬い部分は爪甲といい、爪甲は根元にある爪母で作られ、毎日およそ0・1〜0・15ミリずつ伸びていく。そして、できたての爪は水分を多く含んでいるため白く見える。これがルヌーラである。

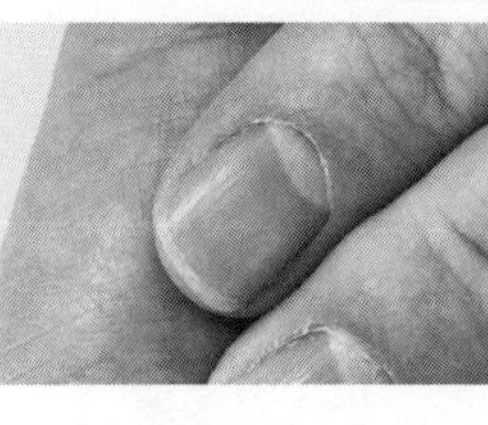

　ルヌーラは、そのほとんどが生まれつきで、ある人もない人もいる。また、甘皮に覆われている部分にあるので、見えるかどうかは甘皮の位置も関係する。

　つまり健康状態とは関係なく、指先をよく使う作業をしている人などは甘皮がはがれやすく、結果としてルヌーラが大きく見えるのだ。

グローブジャングル

グルグル回る丸いジャングルジム

　公園にはさまざまな遊具が置かれているが、動かして遊ぶものといえば、球体で中心に立てた軸によって回転するジャングルジムに似た遊具だろう。

　ジャングルジムの一種なので「回転ジャングルジム」と呼ぶ人もいるが、名称は「グローブジャングル」。「グローブ(globe)」は英語で球体を意味し、地球儀の意味でも使われる。

　ジャングルジムは1920年にアメリカの弁護士セバスティアン・ヒントンが発明。近年は危険防止のため、木製のジャングルジムも開発されている。

トグル

ダッフルコートの細長い留め具

北欧で生まれたダッフルコートは、ボタンとは違う方法で前合わせを留める。木や水牛の角でできた浮き型の留め具と対になるループ数組によるもので、手袋をしたまま服を着脱できるのが特徴だ。

ダッフルコートはもとは漁師の作業着だったので、このような工夫がなされた。

この留め具のことを「トグル（トッグル）」といい、本来は「留め木」という意味。起毛仕上げで厚手の二重綾織りの生地を、原産地であるベルギーのデュフエル（英語名ダッフル）からダッフルといい、コートの名前もこれに由来する。またトグル自体がダッフルコートの別称となっている。

第二次世界大戦時の英国海軍が軍用に採用してから一般化し、現在では秋冬のカジュアルな防寒着として、広く使われている。

カルトン

レジでお金を払うときに使うトレイ

新型コロナウイルスの影響もあり、金銭の受け渡しをトレイで行なう店舗が増えた。できるだけ接触の機会を減らすという意図から、手渡しを避けるためだ。では、あのトレイの名前は何というか？

正解は「カルトン」だ。

その語源はフランス語の「carton（厚紙）」から。

ボール紙で作られたフタのない箱もカルトンと呼ばれ、箱を数えるときの単位である「カートン」も語源は同じだ。

また絵画のデッサンで、画用紙や木炭紙を固定するための土台に使用される画板もカルトンと呼ばれている。

新井式廻轉抽籤器

福引で定番のガラガラ

歳末になると、商店街などで行なわれる福引クジ。

そのときに使われるのが、ハンドルを持ってガラガラ回し、出てきた玉の色でアタリ・ハズレを決める抽選器だ。実は、あの抽選器には特許権が認められていて、名前も開発者である新井卓也氏の名を取って「新井式廻轉抽籤器」という。

帽子屋を営んでいた新井氏は、お客への抽選サービスのために帽子の箱を使ってこの装置を試作。完成品は1929年から特許や実用新案を申請して認められている。

その後、「東京抽籤器研究所」が特許権を取得して新井式の抽選器を製造販売。現在ではすでに特許権が切れているので、さまざまなメーカーのものが販売されている。

ラバーカップ

トイレが詰まったら大活躍のアレ

水洗トイレが詰まってしまったとき、棒の先端に半球状のゴムがついた道具を押し込んで引っ張ると、「スポッ！」という感じで元通り。この便利な道具の名前は「ラバーカップ」という。「通水カップ」「吸引カップ」「吸引器」とも呼ばれ、よくいわれるのが「スッポン」。英語では「プランジャー（plunger）」と呼ぶのが一般的だ。

ラバーカップには和式便器用と洋式便器用があり、洋式便器用は先端が筒状になっていて、ゼット孔（噴出穴）のある便器に適している。

ゼット孔のない便器は、和式便器用を使う。使うときはゆっくり押して一気に抜くのがコツである。

詰まりが解消されたかどうかの確認は、レバーを引いてではなくバケツなどでゆっくり水を入れること。まだ詰まっているのにレバーを引くと、水があふれるので要注意だ。

ロードコーン

駐車禁止区域によくある円錐の置物

駐車禁止や立ち入り禁止の目印として、道路沿いなどに並べられているプラスチック製の円錐。一般的には赤色だが、黄色や緑色などもある。背景に合わせて用

意されるといい、夜間の工事現場用として蛍光塗料を塗ったものもある。

そんなプラスチック円錐の名前は「ロードコーン」もしくは「三角コーン」「セイフティコーン」など様々だが、「カラーコーン」は工事用保安用品の製造販売をしているセフテック工業株式会社の登録商標である。

コーンは英語で「cone」と書き、意味は円錐のこと。誤解されがちだが、ソフトクリームのコーンカップもトウモロコシ（corn）ではなく円錐のコーンに由来する。

従来のプラスチック製では長期間使うと硬くなって割れてしまうことも多いので、最近はゴム製やエチレン酢酸ビニル製の製品も生産されている。

ポイ

金魚すくいですぐ破ける道具

縁日の露店で根強い人気を誇る金魚すくい。泳ぐ金魚を何匹捕まえられるか、真剣にチャレンジする子どもの表情はほほえましくもある。

金魚すくいの用具といえば、すくった金魚を入れるボールとすくう道具。円形の枠に和紙を貼ったこの道具のことを、金魚の産地である奈良・大和郡山市や全国金魚すくい競技連盟などでは「ポイ」と呼ぶ。

名前の由来は、「使って破れればポイと捨てる」「金魚がポイポイすくえる」などの説がある。

以前のポイは取っ手のついた丸い金属枠に紙を張ったものだったが、近年はプラスチック製の枠も誕生。地域によっては最中(もなか)の皮を使っているところもある。

ツン
上野の西郷像が連れているお供の犬

上野公園に立つ西郷隆盛の銅像で西郷が連れている犬の名は、彼の愛犬だった薩摩(さつま)犬の「ツン」。西郷はダイエットを兼(か)ねてウサギ狩りを趣味にしていたが、ツンが最高のお供を務めていたようだ。上野公園の銅像は、まさに郷里(きょうり)でのうさぎ狩りをしている姿がイメージされているのである。

だが、実は銅像が製作されることになった明治22（1889）年、すでにツンはこの世におらず写真も残っていなかった。そこで、銅像の犬のモデルになったのが、海軍軍人・仁礼景範(にれかげのり)の飼い犬で、同じ薩摩犬の「サワ」。つまり銅像の犬は「ツン」であり「サワ」なのである。

ちなみに愛犬家だった西郷は、ツン以

外にも寅、シロ、ハヤ、ブチ、クロなど数多くの犬を飼っていた。ネーミングセンスはいたってシンプルだったようだ。

チューブラー・ベル
『のど自慢大会』といえばこの鐘！

　上手に歌えると「キコカコキコカコキンコンカーン♪」と鳴り響く、『ＮＨＫのど自慢』の鐘。あの楽器の名前は「チューブラー・ベル」といい、「チャイム」「コンサート・チャイム」「シンフォニック・チャイム」とも呼ばれる。発明されたのは１８６７年だ。

　チューブラーとは「管状の」という意味。この鐘をピアノの鍵盤の順番に並べて吊るし、ハンマーで叩いて演奏する。

　長い管は１５０センチを超え、太さは音程に関わらず同じで、音域は１・５オクターブほど。

　余韻を調節するためのダンパーがついていて、スタンドの下部のペダルで操作できるようになっている。

『大学』
二宮金次郎が読んでいるあの本

　一昔前に建てられた小学校には、必ずといっていいほど設置されていた二宮金次郎の銅像。薪を背負いながら、時間を惜しんで読書にいそしむ姿が有名だ。

　では、金次郎はいったい何を読んでいるかというと、曾子（中国の春秋時代の思想家。孔子の弟子）が書いた儒教の入門書『大学』である。

　銅像の原点になっている、金次郎の弟

子・富田高慶が書いた金次郎の伝記『報徳記』の中に記述がある。

当時の寺子屋で『大学』はテキストとして使われていた。これを金次郎は何度も読み返したのである。

ただ、薪を背負いながら本を読むという「負薪読書」のスタイルは、作家の幸田露伴が記した『二宮尊徳に学ぶ成功哲学』の挿絵の影響だ。『報徳記』にはそうした記述はないのである。

白毫

大仏の額にあるホクロ状のもの

仏の眉間にあるホクロのようなものは、実はホクロではない。白い毛の塊で「白毫」と呼ばれるものだ。

右巻きの螺旋状の毛で、これを伸ばすと1丈5尺（約4・5メートル）あるといわれており、「仏の三十二相」（釈迦の姿の32の特徴）で、ここから仏の知恵が放たれるとされている。

「法華経」では、仏が無量義処三昧の瞑想に入った際に、この白毫が光を放ち、東方一万八千世界を照らし出すシーンがある。

ヒンドゥー教徒の既婚女性が額に施す「ビンディー」も同じ位置につけるが、こちらはヒンドゥー教の神々が持つとされる「第三の目」の位置を模しているので、あまり関係性はなさそうだ。

ビコーン

ナポレオンのトレードマークの帽子

　フランスの英雄ナポレオン・ボナパルトの代表的な肖像画『ベルナール峠からアルプスを越えるボナパルト』（ダヴィッド作）。ここでナポレオンが被っている帽子の名は「ビコーン」という。

　バロック、ロココ時代に用いられたトリコーン（三角帽子）の角が一つなくなった二角であることから、二つを意味するフランス語の「bi（バイ）」にちなむ。フランス革命の頃から19世紀にかけて、幅広く被られた。

　華美さを極めたロココ文化がフランス革命により廃れ、シンプルスタイルが好まれたのだ。

　身分階級や職業により、デザインや被り方が異なり、ナポレオンは権力を振るっていた約15年の間に、１２０個ほど所有したという。

マレンゴ

ナポレオンが跨っている馬の名

『ベルナール峠からアルプスを越えるボナパルト』からもう一つ。この作品でナポレオンが跨っている馬の名は「マレンゴ」である。

　１８００年6月に行なわれたナポレオン率いるフランス軍が勝利した「マレンゴの戦い」を記念して、愛馬にこの名前をつけたとされる。

　マレンゴは芦毛（灰色の毛）のアラブ馬で、サラブレッドよりは小柄。その大きさが、ナポレオンにしっくりきたようだ。

ただ、肖像画で描かれているシーンでは、本当は地元農民から借りたラバに乗っていたのだとか。ナポレオンは「肖像画は本人に似ている必要はない。そこからその人物の天才性がにじみ出ていたらいいのだ」と、お抱えの画家ダヴィッドに細々と注文をつけた。

そうしてラバも愛馬のマレンゴに変更して描かれたのだった。

ネメス

ツタンカーメンのおかっぱ頭の正体

古代エジプトのツタンカーメンでおなじみの、縞模様のおかっぱヘアのようなもの。あれをヘアスタイルと思っている人も多いかもしれないが実は、「ネメス」という名のれっきとした頭巾。

額に長方形の布を当て、耳を出す形で頭を覆い、折りたたみ、両肩に垂らして飾りを形作る。額に蛇形記章などを組み合わせてできあがりである。

ネメスは、カツラの上に王と男神、貴族が被るもので、王の場合は額に王権の守護神ウラエウス（コブラ）や上・下エジプトの象徴であるネクベト女神（ハゲワシ）などがつけられた。

ヘカとネケク

古代エジプト美術でよく見る2本の杖

古代エジプト美術で有名な「オシリス像」。胸の前で手を交差し、右手と左手に、違う形の杖を持っているのが特徴的だ。この2本の杖にも名前はある。

まず、端が鉤のような形に曲がっている杖が「ヘカ」。牧畜の杖で、エジプトの王権を象徴する装飾具の一つ。

もう一つ、ハタキのような形の杖が「ネケク」。こちらは農民が脱穀の際に使う打ち棒が原型で、農耕がさかんだった下エジプトを象徴する装飾具である。

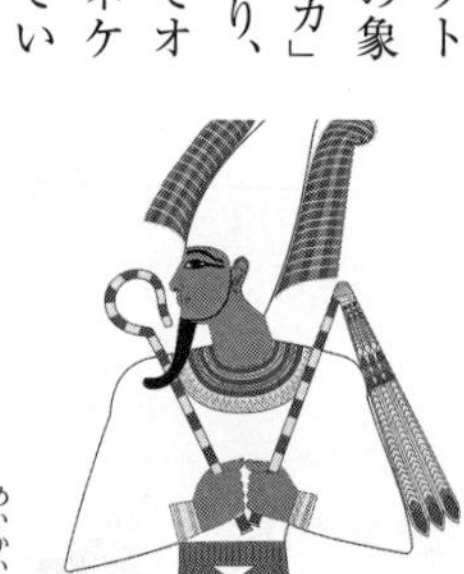

古代エジプトの神は権力の象徴である「ヘカ」を手にしており、それに加えてオシリスは「ネケク」を持っている。そのことからエジプト神話で「冥界の支配者」となっているオシリスは、信仰の初期段階では穀物生産と豊穣を司っていたのだ。しかし時が経つにつれ、「冥界の神」という性格を持つようになっていったのである。

スクエア・ウィッグ

バッハの面白い髪形はカツラ!

「音楽の父」とも呼ばれる、18世紀の音

楽家、バッハ。彼が生み出した音楽は素晴らしいが、それよりも不思議な髪形をした肖像画のほうが記憶に残っている人も多いだろう。

あの独特なヘアスタイルは「スクエア・ウィグ」と呼ばれるもの。地毛ではなくカツラで、当時のヨーロッパでは貴族の正装の一つだ。バッハに限らず、高貴な場に呼ばれる宮廷音楽家たちは、カツラを被る必要があった。

ちなみにカツラなのに白髪なのは、当時の流行カラーだったから。貴族も音楽家も、トイレでこぞって小麦粉やじゃがいものでんぷんなど、白いパウダーを振ってカツラを染めていたそうだ。トイレを「パウダールーム」と呼ぶのは、そのためである。

飛仙髻・飛天髻

天女や乙姫がしている髪形

天女や乙姫、七夕の織姫がしている、頭の上に丸い輪をくっつけたような髪形。髪の束の輪が二つであれば飛仙髻で、三つ以上なら飛天髻と呼ばれる。このヘアスタイル、古くは中国の漢王朝時代に流行したもの。

髪を頭上に束ねたヘアスタイルを総じて「髻」と呼び、そこから数々のアレンジがなされた。

当時の王朝である漢は、不老長寿

の「仙人」の実在を信じる「神仙思想」が隆盛を極めていた。ヘアスタイルの名「飛仙髻」にも、その神仙思想が反映されていたのである。

辮髪

ひと昔前の中国人のイメージといえばコレ

中国の歴史ドラマや映画などで見る、頭髪を剃り、後頭部だけを長く伸ばして編んだヘアスタイルは「辮髪（弁髪）」と呼ばれる。語源はシンプルで、「辮」は「編む」という意味である。

もともとは、遊牧民の北方狩猟民が「兜を被るとき蒸れるのを防ぐため」という説や「洗髪の際に大量の水を使わなくていいように」など諸説ある。

1645年に女真族（中国東北部の騎馬民族）が中国を統一した際、敵味方を区別するためで、支配された農耕民族に対し「辮髪令」を出した。僧侶と道士以外はこの髪形にしなければならず、抵抗する者は殺されたという。

モノクル

アルセーヌ・ルパンでおなじみの片眼鏡

アルセーヌ・ルパンの挿絵でおなじみの「片眼鏡」。実際、19世紀のヨーロッパの上流階級で流行した眼鏡の形である。知能犯のキャラクターがつけているイメージがあるが、コンタクトレンズがない時代、視力が悪いほうだけに使用することができる、機能的な形だったのだ。

名称は「モノクル」で「monos＝単一」

と「oculus＝眼」を合わせた造語。手で支えるタイプもあるが、やはり人気なのは眼窩へはめ込むタイプだった。

両手が空くので便利なため、ヨーロッパでは多くの紳士がこれを愛用した。

襞襟

エリマキトカゲみたいな襟

16世紀半ばから17世紀の世界史・日本史の絵画でよく見られる「ちょっと大きすぎない？」と言いたくなるくらいの、フリフリの襟。

これは「襞襟」といい、英語でラフと呼ばれるもの。

南蛮貿易が盛んだった戦国期には、戦国武将にも大流行し、なんと戦場につけていく武将もいたのだそうだ。

1582年、キリシタン大名の名代としてヨーロッパへ派遣された天正遣欧少年使節も、小さいながらフリフリの襟をつけている。

当時のヨーロッパ諸国においては、汚れやすいデコルテ部分を清潔に保つという役割も果たしていた。

トンスラ

いわゆるザビエルハゲ

頭頂部が薄くなることを「ザビエルハゲ」と呼ぶこともあるが、その解釈は誤解かもしれない。というのも、あれは「トンスラ」と呼ばれる、意図的に頭頂部だけ剃り上げたヘアスタイルで、たんなる薄毛では決してないのである。

トンスラの起源は諸説あるが、イエス・キリストが十字架に磔になったとき、頭に被った茨の冠を模したといわれる。7世紀から広まり、13世紀以降カトリック教会の聖職者の定番となる。

ところが、実はザビエルが属していたイエズス会はトンスラの習慣がなく、あの有名な肖像画も、彼の死の80年後に日本の絵師が想像で描いたもの。ザビエルはそもそもトンスラにすらしていなかったという説もある。

パニエ

ふんわりスカートの骨組み

16世紀半ばから17世紀のヨーロッパは、「どれだけ体に無理があっても豪華に！」というオシャレ全盛期。特大サイズの襞襟（45ページ）もそうだが、なんといっても憧れるのが、ふんわりと大きく膨らんだドレスだった。

もちろん、自然とあんなふうになるわけがなく、中には鳥籠のような骨組みが入っていた。その名前は「パニエ」。

この膨らみに豪華な刺しゅうを施し、お金持ちの女性たちはオシャレを競い合ったのである。

ただ、当時のフランスではトイレがな

かったため、立ったまま用を足していた。

ドレスの膨らみは、それを隠す意味もあったのである。

笏

朝廷の人々が手にしていた細長い板

律令時代の貴族や現代の神職が手に持つ木の板。その名は「笏（しゃく）」という。聖徳太子を描いた有名な絵（51ページ）にも太子が手に持っている姿が見える。

素材が柞（ははそ）の木でできており、その音の「サク」が転じて「シャク」となった、もしくは笏の長さが1尺で、そこから「シャク」になったなど、名前の由来は諸説ある。

もとは中国から来たもので、役人が用件を書き留めるため、携帯していた「メモ帳」だったのだ。ところが、一つ大きな問題が。

実は笏が日本で使われ始めたのは奈良時代、聖徳太子の死後、約80年後からといわれているのだ。

このことから、あの有名な肖像画に描かれている人物は聖徳太子ではないと主張する研究者も多い。

カイゼル髭

画家のダリがしていた特徴的な髭

スペインの20世紀を代表する画家であるサルバドール・ダリ。ダリの特徴といえば、カッと見開いた目と、ツンと上を向いた口髭（くちひげ）である。これは「カイゼル髭」と呼ばれ、伸ばした口髭を、油や蝋（ろう）で固めて左右を上へ跳ね上げたものだ。

「カイゼル」という名の由来は、第9代プロイセン王国国王・第3代ドイツ帝国皇帝のヴィルヘルム2世がたくわえていたことから。ドイツで皇帝を意味する「カイザー」からこの名前がついた。

トガ

古代ローマの布で巻いただけの服

古代ローマ人が着用している、布を巻きつけたような衣服がある。これは「トガ」と呼ばれる。

その語源はラテン語「覆(おお)うもの」を意味する「tegere」。1枚布でできていて、その下に着用するインナーウェアは「トゥニカ」と呼ばれていた。

帝政後期に至るまで公式行事での正装だったが、時代が進むにつれ、トガの布の種類や着方、色や装飾などで、細かく身分が分かれていき、ローマ時代の終わりには、全く異なったデザインになっていたという。襞(ひだ)の取り方も複雑化していくが、次第に面倒臭がられ、衰退していった。

美豆良

古代の日本人がしていた髪形

日本の古代人の特徴として描かれるのが、髪を頭の中央で左右に分け、両耳のあたりで、8の字に束ねて輪状に結ぶ髪形がある。これは「美豆良（みずら）」と呼ばれるヘアスタイルだ。「みずら」という読み方の由来は諸説あるが、「耳に連なる」が短縮された言葉という説が根強い。

その束ねた部分が耳の上か下にあるかで「上げ美豆良」「下げ美豆良」と呼び方も変わる。

弥生時代からその存在は確認できるが、当時は12歳以上の男子の髪形の定番であった。中国から渡来したものに影響されることが多い日本だが、この「美豆良」に関しては、中国や朝鮮半島では確認されていない。

それゆえ、日本最古のヘアスタイルともいわれている。

エナン

中世西洋の女性が被ったとんがり帽子

14世紀の西洋絵画でよく見る、女性が被っている三角錐（すい）のとんがり帽子。これは「エナン」と呼ばれる。ヨーロッパで1375年頃に現れ、1480年頃まで流行は続いた。

長いベールや麻布を被せた装飾は、

結婚した位の高い子女がベールで顔を隠す習慣があり、つけ加えられたとされる。

初めは貴族の子女だけのもので、素材は金属やブロケード（サテン地に浮き模様を織り出した織物）、ベルベット、シルクを使っており、長さは30〜45センチ程度のものが一般的だったが、だんだんと高くなり、ついには1メートル近くにもなった。

語源は諸説あるが、フランダース語で雄鶏を意味する「hennen」から由来する、というものがある。確かに、トサカに雰囲気が似ている。

オー・ド・ショース

西洋絵画の貴族が履いてるパンツ

17世紀頃の西洋絵画でよく見る、貴族の男性が着用しているカボチャのように膨らんだパンツ。これは「オー・ド・ショース」と呼ばれるズボンの一種だ。フランスだけでなく、イギリスをはじめヨーロッパ中で流行した。さらに国によって膨らませ方が違っていたという。

発祥はスペインで、スペインとフランスではタマネギのように膨らませ、イギリスは「トランク・ホーズ」と呼び、腿丈で綿や羽毛などを詰めて全体を大きく膨らませた。これは南蛮貿易により日本にも入ってきて、キリシタンの大名を中

心に流行した。

殖栗皇子・山背大兄王

聖徳太子の肖像画の両隣の子ども

聖徳太子の肖像画として少し前まで教科書で紹介され、紙幣の元絵にもなったのが、法隆寺に伝わった『唐本御影（聖徳太子三尊像）』（宮内庁所蔵）。真ん中は聖徳太子だとして知られているが、両脇にいる子どもは誰なのだろう？

左の少し困った顔をしている方は用明天皇の第5皇子で聖徳太子の弟の殖栗皇子。右が聖徳太子の長子である山背大兄王といわれている。

ただ近年では、この絵はそもそも聖徳太子とは別人という説が強くなっている。

また、これは聖徳太子であることは間違いないが、8世紀頃に崇拝が広まった「聖徳太子信仰」の布教目的で書かれたという説もある。

タンブルウィード

西部劇で転がる謎の丸い塊

早撃ち自慢の主人公と、ならず者がにらみ合い、コロコロと草でできた丸い物体が転がる中、銃を抜くタイミングを計る……。

西部劇でよく見るシーンだ。そして、あの草でできた物体は、映画用に作られた人工物ではなく「タンブルウィード」と呼ばれるものだが、特定の草の名前ではない。

アメリカの西部などの乾燥地帯では、夏の終わり頃になると、風にあおられた雑草や枯れた枝が絡まり、塊を作る。これに対する呼称で、名前の由来も「tumble（転がる）」「weed（草）」とそのままである。

西部劇では、緊張感と乾燥した荒野を思わせる名小道具だが、現実社会では、大量発生して問題になることも。最近では２０２０年、アメリカ・ワシントン州の高速道路で、巨大化したタンブルウィードが押し寄せ、車を下敷きにする（！）騒ぎとなった。

緊箍児

孫悟空の頭にはまっている輪

三蔵法師とその一行が、仏典を求めて天竺（インド）へ旅をする物語『西遊記』。三蔵法師のお供をする孫悟空が頭につけている細い金の輪は「緊箍児」と呼ばれる神具だ。

オシャレな冠のようにも見えるが、その役割は暴れん坊の孫悟空が悪さをしないためのもの。「箍」で「児」（修行が足りないものを指す）を緊縛するという意味なのだ。

「緊」は道教では古くから「金・禁」とともに三種の呪文とし、さまざまな災難除けに用いられていた。三蔵法師が呪文を唱えると、孫悟空の頭にはめられたこの頭を「緊箍児」で締め上げた。

ちなみに『西遊記』は7世紀の僧侶・玄奘の旅を基にしているが、写本のたびどんどんエピソードが追加され、また戯曲の雑劇『西遊雑劇』として好んで上演され、今のような壮大で奇抜な物語になったという。

ガベル

裁判官が叩く木製のハンマー

海外映画やドラマの裁判シーンで、開会と閉会、そして静粛を求めるときに叩かれる木製のハンマー。オークションのときも、落札が決まれば叩かれるのをテレビニュースなどでご覧になった方も多いだろう。

あのハンマーの名は「ガベル」。一般的には広葉樹で作られ、同じく広葉樹でこしらえられた「サウンドブロック（打撃板）」と併用される。

アメリカでは裁判、オークションの他にも議会でも用いられ、日本では参議院の本会議において開会を示す合図として使用されているが、これは1950年のアメリカ上院を視察した際に土産として持ち帰ったのが始まり。衆議院では使用されず、裁判所でも用意されていない。

なお、日本の議会では、場を静粛にさせる道具として衆議院の「号鈴」、参議院

では「振鈴（しんれい）」という大きな鈴が議長席に用意されている。

ムレータ

闘牛のラストで使われる赤い布

スペインの国技である「闘牛（とうぎゅう）」。マタドールと呼ばれる主役の闘牛士が赤い布を振って牛を興奮させ、突進してくるのをうまくよけ、背中に剣を突き刺す。

このときの赤いフランネルの布と、支える棒の総称が「ムレータ」だ。

スペインの闘牛は中世から行われているとされるが、現在のような形になったのは18世紀後半になってからだ。

闘牛は、助手のバンデリリェーロがピンク色のマント「カポーテ」を操って牛を煽（あお）り、騎乗（きじょう）のピカドールが槍（やり）を突き刺すなどして牛を徐々に弱らせる。最後にマタドールが一騎打ちで牛をしとめる。

ただ、サッカー人気や動物愛護団体からの批判もあって闘牛の衰退は著（いちじる）しく、闘牛禁止令が出される州もある。

また、赤い色が牛を興奮させるともいわれるが、牛は2色性色覚のため赤色の判断はできない。

2章

昔からあるけれど、意外に知らないアレの名前

◆例えば「肉まんの下の薄紙」を何と言う?

粘着式クリーナー
つい「コロコロ」と言ってしまうが…

糸くずやペットの毛など、細かいごみを取るのに便利な「コロコロ」だが、これは登録商標。正式名称は「粘着式クリーナー」もしくは「粘着式カーペットクリーナー」という。

コロコロの商標を持っているのは株式会社ニトムズで、設立当初は粘着テープの技術を活かしてゴキブリ捕獲棒を販売していた。

これは、棒の先に折り畳み式の粘着シートを取りつけ、ゴキブリの上から被せて捕獲するというもの。シートを折りたためば、手を汚さずに捨てられる、としたが、ゴキブリが家具の隙間などに逃げ込むと役に立たないという弱点があった。

そのため、大量の不良在庫を抱え事業危機に陥ってしまうが、同じく粘着の技術を活かした「コロコロ」が大ヒットし、会社の知名度も上がって持ち直したといういきさつがある。

インキ浸透印
「シャチハタ」は商品名ではなく社名！

認め印を押すとき、「シャチハタでもいいですか？」と聞くことがある。朱肉やスタンプ台がなくても押せるので手軽だが、公式文書では拒否されることもある。

この「シャチハタ」は名古屋に本社を置き、主に印鑑やスタンプを製造するシヤチハタ株式会社のこと。となれば、ブランド名を社名にしたと思われがちだが、いわゆるシャチハタ式印鑑の商品名は「Xスタンパー」といい、正式な名称は「インキ浸透印」だ。

Xスタンパーの発売は1965年。インキ浸透印の開発も、同社が最初に開発し成功させている。ただし、商品名も正式名称もあまり浸透せず、社名が代名詞となる珍しい例だ。

ちなみに、シヤチハタという社名の由来は、名古屋のシンボルである名古屋城の金のシャチホコから。商号はシャチハタでなく、「ヤ」を大きくしたシヤチハタである。

ドラキュラマット
肉や魚の下に敷かれ、血を吸うことから

深夜になると棺桶から起き出し、処女の血を求めてさまよう吸血鬼ドラキュラ。そんな妖怪の名前から取った食品用資材がある。それが「ドラキュラマット」だ。

ドラキュラマットとは、スーパーで魚や肉をパックで購入した際、中に敷かれているシートのこと。商品包装商材を扱う株式会社三和コーポレーションが、生鮮食品からにじみ出る血や水を吸収することから、吸血鬼の名を商品名に採用。

一般的には「ドリップ吸収シート」もしくは「ドリップシート」という名で呼ばれている。

フィルム層、保水層の2枚層構造になっており、細菌の多

いドリップが下部の保水層に貯まって逆戻りしないため食品の衛生を保つのに役立っている。さらに銀イオンの作用で、細菌の繁殖を抑えることが可能になっている。

たとう紙
着物をしまうときに欠かせない紙

着物は着るのも面倒だし、しまうときにもいちいちきちんとたたまなくてはならない。

しかし、一度作れば流行に左右されにくいうえに、体形が変わったとしてもサイズを気にすることがない。さらにきちんと保管しておけば、それこそ一生ものになる。

そんな着物をたたんで包んでおく紙が「たとう紙」。漢字では「畳紙」もしくは「帖紙」と書く。厚手の和紙に渋（柿渋）や漆などを塗り、折り目をつけたものである。

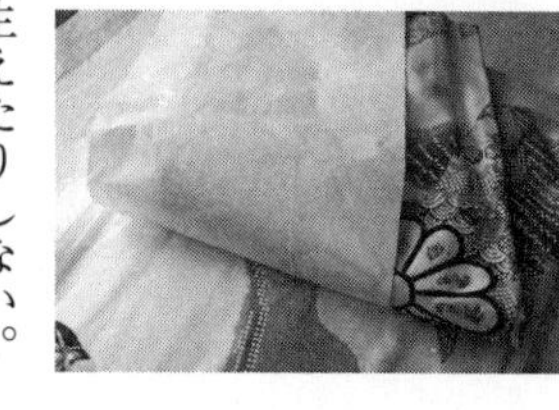

和紙なので通気性がよく、湿気でカビが生えたりしない。もちろん、ホコリや色あせからも守ってくれる。

これ以外にも、たとう紙は着物にだけではなく、神社の神職が懐紙として用いることもある。

その場合は「畳紙（たたみがみ）」「帖紙（たとうがみ）」と呼び方が変わり、装束を着たときの装飾品としての役目を担う。

らっきょう玉

がま口のフチについた丸い留め金

最近はあまり見かけなくなったが、かつては財布の代名詞的な存在だった「がま口」。

がまガエルが、大きく口を開いている様子に似ていることからつけられた名前だが、フタを閉じるための金具がついている。

この留め金の名前は「らっきょう玉」。由来は、見た目がらっきょうに似ていることからつけられた。

がま口は明治時代に政府の御用商人の山城屋和助が海外から持ち込み、模倣して作り、売り出したのが初めとされる。

当初は「がま巾着」「西洋胴乱」と呼ばれ、1871年に小額紙幣が発行されると札入れが流行し、追い風となって普及した。

グレービーボート

高級レストランで見るカレールーの容器

街中のカレーショップではなく、高級レストランでカレーライスを注文すると、ルーとライスが別盛りで出てくることがある。ルーの入っているポットが「グレービーボート」だ。「ボート」という名は、舟のボートに形が似ていることにちなむ。

「グレービー」は

「肉汁」を意味し、ローストビーフやマッシュポテトにかける「グレービーソース」からきており、これはイギリス料理の基本のソースだ。

つまり、グレービーボートとはそもそもカレールーを入れる器ではなく、ただのソース入れのことであり、ビュッフェ形式では本来の目的として料理のそばに置かれている。

なぜ、カレールーを入れるようになったのかといえば、日本にイギリスからカレーが伝わった際に、グレービーボートも一緒に持ち込まれたから、という説がある。

ぶっかけ飯は上品ではないという観念から、カレールーをグレービーボートに入れて、少しずつかけて食べたのが始まりのようだ。

額帯鏡
お医者さんが頭につけてる丸い鏡

白衣を着て聴診器を首からぶら下げ、頭には穴の開いた丸い鏡をつけている。これが古いタイプの医師のイメージだ。あの小さな鏡は「額帯鏡」もしくは「額帯反射鏡」という。

鏡の表面は凹面になっていて、診察室の明かりを集めて患者の体内の患部を照らす。医師は小さな穴から観察したい部位を見るわけだ。

現在、額帯鏡を使うのは耳鼻咽喉科の医師だけ。最近は電池式のＬＥＤヘッドライトを使用する人も増えてきているが、額帯鏡を好んで使用し続ける医師が少なからずいるという。

アレオーレ
サボテンのトゲの付け根のフサフサ

サボテンは多肉植物の一種で、日本に伝わったのは16世紀後半のこと。持ち込んだ外国人がサボテンの樹液を石鹸の代わりに使っていた。

そのため「石鹸（＝シャボン）のようなもの」という意味で「石鹸体」呼ばれていたのだが、そこから「シャボテン」となり、やがて「サボテン」と変化していったという。

サボテンのトゲは他の植物だと葉の部分にあたる。そしてサボテンのトゲは特定の部分から一本、もしくは数本伸びていて、その付け根部分の名前が「アレオーレ」。日本語では「刺座」という。

アレオーレは他の多肉植物には存在しない、サボテン独自の器官だ。そのため、トゲがなくてもアレオーレがあればサボテンに分類される。

逆にトゲがあったとしても、アレオーレがなければサボテンとは呼べないのだ。

ソクパス
靴下を買うとついてくる金具

新品の靴下のつま先とゴム口の2か所に、左右1組をセットするためについている小さな金具。

戦後にアメリカから入ってきた靴下につけられていたもので、名前は「ソクパス」または「ソッパス」という。「ソク」はソックスの意味で、「パス」はコンパスからからきている。

広げた形がコンパスに似ていることから、両方を合わせてソクパスの造語ができた。

日本で初めてソクパスをつくったのは、レッグウェアに主軸を置くアパレルメーカーのナイガイ。

それまでの糸を縫い合わせるものと比べて効率は向上したものの、ソクパスも一つひとつ手でつけているとか。

近年は環境保護や利便性などから、ソクパスを使わず、糸を抜くだけのセット方法も見られる。

松竹錠
木札を差し込んで解錠するカギ

銭湯では、番号の書かれた木札が鍵になっている下駄箱をよく見かける。最近では、靴を脱いで入る居酒屋などでもおなじみだ。

そんな、木札を縦に差し込んで開く鍵のことを「松竹錠」という。名前の由来は、初めて製造した東京の松竹錠工業にちなむ。

戦後間もない頃、家風呂が普及していなかったこともあり、多くの人は銭湯に通っていた。しかし物資が行き届いていない時代なので、客の靴はボロボロ。少しでもきれいな靴があると、すぐに盗まれてしまう。

そこで松竹工業は、不足していた鉄ではなく木製の鍵を開発したのだ。

やがて、鉄不足が解消されると、傘立てに見られるような金属製の差し込み式鍵も開発される。

それでも、居酒屋では木札式のほうが重宝されるのは、金属式よりも鍵が大きいため、酔っていても見失いにくいからだとされている。

大幣・大麻
神主がお祓いのときに左右に振るもの

神社でお祓いを受けるとき、神職が紙細工のついた棒をバサバサと左右に振る。この掃除道具のはたきにも似た棒の名前は「大幣」「大麻」（どちらも「おおぬさ」と読む）と呼ばれる神事の道具である。

神道には古代の結界に由来するという「紙垂」と呼ばれる紙細工があり、神聖な場所を囲む目印として注連縄の一部に使われることが多い。

大幣の白い紙は紙垂を小さくしたもので、四つ折りの半紙をさらに二つ折りにし、切り込みを入れて作るのが一般的な方法。

この紙垂を木の棒や笹の先端につけることで大幣はできあがる。紙垂を取り付けるのは、風を表現するためだとされている。

大幣を振って紙垂を揺らし、風を再現することによって、

大幣が神の依り代となり、ケガレを払う力が得られると信じられていたのだ。

務歯
ファスナーの歯にも名前あり！

ファスナーの歯が噛んでしまっておろせない。男性の場合、ズボンのファスナーが挟まって、とんでもないことになった経験を持つ人は、一人や二人ではないはずだ。

そんなファスナーの歯のことを、日本語の正式名称では「務歯」といい、一般的には「エレメント」と呼ぶ。エレメントを合わせたり外したりする部分は「スライダー」という。

ファスナーの起源は、１８９１年にアメリカのホイットコム・ジャドソン氏が、靴ヒモを結ぶ手間を省こうとして考えたものとされている。ジッパーは１９２１年にアメリカのメーカーが擬音の「ジップ」から「ジッパー」と命名し、チャックは27年に広島・尾道で「巾着」をもじって名づけられた。

識別リブ
シャンプーボトルについたギザギザ

市販のシャンプーボトルの横にはギザギザの刻みがついてくる。この名称は「識別リブ」または「触覚識別表示」と呼ばれるものだ。

誕生のきっかけは「シャンプーとリンスの容器が似ていて区別がつきにくい」「間違って、リンスで洗髪してしまったことがある」などの声がメーカーに多く寄せられたことにある。

1991年に、この声を受けた花王パーソナルケア商品開発部が識別リブを開発する。

その後、視覚に障害を持つ人への利便性も考慮され、シャンプーの識別リブについては、日本工業標準規格（JIS）の「高齢者・障害者配慮設計指針─包装・容器」で規定された。

2014年にはシャンプーだけでなくボディシャンプーにも表示するよう改定されることとなった。

現在の規定では「洗髪料の容器には、ぎざぎざ状の触覚記号を付け、身体用（顔面及び頭髪用は除く）洗浄料の容器には、一直線状の触覚記号を付ける」とされている。

ペグシル
クリップ止めのついた、あの鉛筆

ゴルフのスコアを記録するのに使われる、クリップ止めのついたプラスチック製の小さな鉛筆。

よく「ゴルフ鉛筆」や「スコア鉛筆」、「クリップペンシル」とも呼ばれるが、正式名称は「ペグシル」だ。

これは大阪市のゴルフ用品メーカー岡屋株式会社が開発したもの。

創業者の井尻保宏氏がゴルフ場売店で牛乳瓶のフタを外す際に用いる栓抜きを見て、この針を鉛筆の芯に変え

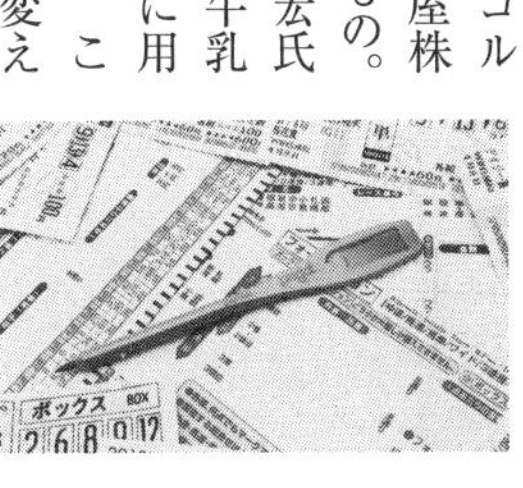

たら便利では、と発想する。

当初はクリップとしてではなく、芝生についた落球跡を修復する「ペグ（グリーンフォーク）」と鉛筆を一体化したものとして開発したことから「ペグ」と「ペンシル」組み合わせ「ペグシル」と名づけられた。

しかし、芝に差すと折れてしまうのでペグには適さず、現在のクリップ型へと変更されている。

フラワーホール
ジャケットの襟にある謎の穴

スーツのジャケットの左襟にはボタンホールがあり、ここに社章や弁護士などのバッジ、季節によっては赤い羽根をつけている人を見かける。

実はあのホール、もともとは右襟にボタンがあり、詰襟のように折らずに着ていた名残である。

やがて襟を折り返しての着用が一般的となり、右襟のボタンも外されるようになる。

ホールだけが残されたのには諸説あり、「花を挿すことがはやった」「プロポーズで女性に花を渡し、ＯＫならホールに挿してもらった」というエレガントな説まである。

そこからこのボタンホールを「フラワーホール」と呼ぶことになった。

ちなみにフランス語では「ブートニエ

ール」といい、これは「ボタン穴」を意味している。

クリース
スーツのズボンについている折り目

しわがなく、ピシッとした折り目のあるスラックスは、できる男の象徴でもある。そんな折り目のことを「クリース」という。

最初にクリースをつけたのはイギリス王のエドワード7世だ。エドワードは皇太子時代の１８６０年にアメリカへ訪問旅行した際に、ズボンの脇につけたとされる。

その後、陸軍将校たちがクリースを入れた軍服を着始め、１８９０年頃に流行。民間人も真似をし、今では当たり前のファッションとなったのだ。

なお、クリースはスラックスだけでなく、服飾用語としてスカートや襟の返り線などにも用いられることもある。

経木
食品を包むペラペラの木

昭和30年代頃まで、食品を包むのに使われていた紙のように薄い木。これを「経木」といい、本来は紙の代わりとして経文を書くために使われた。

経木は主にヒノキやスギ、マツなどが使われ、それらの樹木が持つ殺菌成分で

味と鮮度を保つ。また、食材の水分を吸いすぎることがないのでパサつきも抑えられるのだ。

明治時代には重要生産品に指定され、厚めの経木で作ったマッチ箱や経木織物は輸出産品であり、生糸や絹などに並ぶ重要な存在だった。

そして、経木を作る技術が発展し、食品の包装や煮物の落としぶたなどに利用されるようになったのである。

社名表示灯
タクシーの屋根についてるアレ

タクシーの屋根に載っている通称「行灯」は、正式名称を「社名表示灯」といい、法律で設置することが義務づけられている。その理由は、防犯対策である。

社名表示灯はタクシー会社の宣伝や空車であることを示すだけでなく、実は車内で予期せぬ緊急事態が起きた時に、赤く点滅させて危険を知らせることができるのだ。

ちなみにハイヤーは社名表示灯の設置義務から除外されている。

その理由は、タクシーと違い、乗客の身元を運転手やタクシー会社が把握しているからである。

蒸籠
和食と中華で読み方が違う蒸し器

蒸気を当てて食材に火を通す「蒸し料理」。和食には茶碗蒸しや蕪蒸し、酒蒸しなどがあり、それらに使用する器具が「せいろ」だ。

中華料理ならシューマイや肉まん、ちまきなどが蒸し料理となり、器具の名前は「チョンロン」という。

ただ、せいろとチョンロンは読み方こそ異なるのだが、どちらも字は「蒸籠」と書く。和食のせいろは底が着脱可能なすのこになっていて、フタは密閉型の四角いものが多い。

一方の中華料理のチョンロンは、竹で編まれたフタとすのこ張りの底が一体で、丸いものがほとんどだ。

またチョンロンのフタはあじろ編みになっているので、内部の蒸気をよく循環させ、しかも湯気のしずくを落とさない。中華料理の点心では、小型のチョンロンに入れられたまま料理が出されることも多い。

面ファスナー
マジックテープの正式な名前

簡単につけ外しができ、耐久性(たいきゅう)にも優れているマジックテープ。ボタンに比べ、高齢者や手先が不自由な人でも簡単に扱えるという利点もある。そんな「マジックテープ」という名前は、株式会社クラレの登録商標。正式名称は「面ファスナー」という。

初めて面ファスナーを開発したのは、スイス人電子工学者のジョルジュ・デ・メストラルで、アルプスを登山したとき自分の服や愛犬に貼りついた野生ゴボウの実にヒントを得て研究を開始。

フランス語の「ベロア(velour)」と「クロケット(crochet＝鉤)」の合成語「ベル

クロ」の商標で生産する。日本では1960年から日本ベルクロ（後にクラレに吸収合併）がマジックテープの名で製造販売した。

グラシン紙
肉まんの下に敷かれている薄紙

肉まんや蒸しパンの下に敷かれている紙は「グラシン紙」という。グラシン紙は化学パルプを分解し、高圧加工された紙をいい、半透明かつ光沢があり、滑らか。耐油性・耐水性に優れているのが特徴だ。

通気性が低いので、食品がくっつくのを防ぐ役割も果たしている。

グラシン紙は食品の他にも、トレーシングペーパーやクッキングシート、粉薬の包み紙にも利用されている。

また、パラフィン蝋を塗って浸透させた「パラフィン紙」と混同されることもあるが、パラフィン紙はグラシン紙をベースとしたものだけでなく、模造紙などからも作られるので、厳密な意味では別物である。

アルベド
つい取りたくなるミカンの白い筋

ミカンを食べるとき、皮をむいてから果肉についている白い筋を丁寧にとってから食べる人がいる。

あの筋は「アルベド」といい、ラテン語で「白さ」の意味。グレープフルーツやオレンジの皮をむいたときに見える白い綿状のものもアルベドで、ミカンは他の柑橘類に比べてあまり発達しないため、筋状になっているのだ。

アルベドは果実を大きくするために水や養分を送る維管束であり、葉や土から吸収した栄養分や肥料、水分をみかんに補給する通路の働きをする。

しかも食物繊維が豊富で、毛細血管を強くするといわれるビタミンPなどの栄養素も多く含まれているのだ。苦手な人も多いとは思うが、少しは残しておいたほうが健康には役立つだろう。

シュガースポット
バナナに出てくる茶色い斑点

バナナを放置しておくと、皮に浮き出てくる茶色い斑点。これを傷んだ印だと早合点し、捨ててしまってはいないだろうか。

この斑点は「シュガースポット」と呼ばれ、バナナの甘味が増した証拠だ。通常、バナナはまだ皮が青いうちから収穫され、出荷後に低温の室内で熟成させてから店頭に並ぶ。この時点で、皮は黄色く色づいている。

その後、熟成が進めば茶色く変色していくというわけだ。

日本バナナ輸入組合によると、熟成したバナナは抗酸化作用のあるポリフェノールが豊富だという。さらに免疫機能のアップや胃潰瘍抑制の効果も期待できるとしている。

定式幕

歌舞伎の舞台を飾る縦三色の幕

歌舞伎では演目や場面によってさまざまな幕が使われるが、幕開きと終幕に使われるのが縦三色のデザインの「定式幕」だ。手動で左右に開け閉めする引幕で、「狂言幕」とも呼ばれている。

江戸時代、引幕は中村座、市村座、森田座の、いわゆる「江戸三座」しか許されず、また定式幕の三色の配列は中村座の黒・白・柿、市村座の黒・萌黄・柿、森田座の黒・柿・萌黄と、各座によって異なっていた。

定式幕の起源は、中村座の座元であった初代中村勘三郎が幕府の御用船「安宅丸」入港の際、音頭を取って人足の漕ぐ櫓の拍子をそろえた褒美に拝領した。これを中村座の幕にしたのが定式幕の起こりだといわれている。現在、歌舞伎座の定式幕は、黒・柿・萌黄の森田座式を踏襲している。

相輪

五重塔の上についている豪華な飾り

五重塔の上についている、アンテナの

ような部分の名称は「相輪」といい、五重塔に限らず、仏塔の屋根には、この「相輪」が必ずある。

もともと、仏塔は仏教の開祖・釈迦が荼毘にふされた際、仏舎利（骨）を納めるため造られたストゥーパ（塚）を起源としている。

インドは気温が高く、ストゥーパを暑さから守るため、上に傘を重ねて置いたのだ。

そこからストゥーパは塚から大きな塔になっていき、重ねられた傘も、装飾的なデザインに変化していった。それが「相輪」なのである。

相輪は「露盤」「伏鉢」「請花」「宝輪」「水煙」「竜車」「宝珠」の七つの部分で成り立っており、一番上の「宝珠」が、釈迦の遺骨を納めるところだ。

単なる飾りではなく、とても重要な意味を持っているのである。

ちろり
昔懐かしい酒の燗容器

屋台や飲み屋で燗酒を頼むと、注ぎ口と取っ手のついた金属製の筒型容器に酒を入れ、湯に浸して温めてくれる。こんな光景を懐かしいと思うのは、60代以上の人たちに限られてくるのかもしれない。

この主にアルミ製の燗酒の容器は「ちろり」といい、こだわりのある店なら銅やスズのちろりを置いているところもあった。

江戸時代から使われていて、名前の由来は明らかではないが、囲炉裏に埋めて温めていたから「地炉裏」と呼ばれた、ちょっとの時間で酒が温まることから、などの説がある。

中国にも似た酒器があるため、発祥は中国だとも考えられている。

クラムシェル型携帯電話
二つ折りのパカパカケータイ

今はほとんどの人がスマートフォンを利用しているが、まだまだ隠れた人気があるガラケー。

ネットはパソコンかタブレットで見て、携帯電話はガラケーで通話だけ。もしくはスマホとガラケーの2台持ちという人もいるだろう。

かつてのガラケーには二つの種類があった。一つはストレートタイプで、もう一つは二つ折りタイプ。この二つ折りタイプのほうを、「クラムシェル型携帯電話」という。

クラムシェルとは「二枚貝の殻」のこと。つまり、二枚貝のように折りたためる形というわけだ。

基本的に折りたためる型式をクラムシェルといい、例えばキーボードの取り外せない従来型のノートパソコンもクラムシェル型と呼ばれる。

近年開発が進んでいる折りたたみスマホも、クラムシェル型スマホと呼ばれることになるかもしれない？

フランス落とし
扉や窓の下にある固定用の金具

両開きの親子ドアなどで、片方を開かないように止めておく上下式の金具。上げ下げできる軸棒を受け部の穴に差し込むことによって、床や地面に固定する。

そんな鍵には意外な名前があって、「フランス落とし」という。

名前の由来には諸説あるが、有力なのが「フランス窓説」だ。フランス窓とは天井から床までの高さがある窓のことで、テラスやバルコニーへ出入りする部分に取りつけられている。

通常は2枚1対の両開き式で、ガラスがはめ込まれていることが多く、設置場所によっては窓としてではなくドアとしても使われる。

この「フランス窓に取りつけた、落として施錠する鍵」ということで、フランス落としという名前がつけられたとする。

グレーチング
道路脇の排水溝にある格子状のフタ

排水溝についている完全に密閉されていない、格子状で覆っているフタ、これにも名前がある。

「グレーチング」といって、素材として鉄、ステンレス、アルミニウムなどが使われる。

グレーチングには格子状の板や鉄格子という意味があり、格子窓や格子戸も、こう呼ばれる。

日本ではアメリカ軍艦船に使われていたグレーチングをもとに、広島県呉（くれ）市の建築資材メーカー株式会社ダイクレが初めて製造した。

同社は現在、日本で4割のシェア数を誇っており、これは国内でトップとなっている。

ラットテール・コーム

持ち手部分が細くなっているクシ

理髪店や美容院で見かける、柄（え）の部分が細くなっているクシ。髪の毛の分け目を作るときなどに便利だが、他のクシと区別できる名前がある。

それが「ラットテール・コーム」だ。「ラット」はネズミ、「テール」はしっぽ、「コーム」はクシなので、「ネズミの尾のようなクシ」ということになる。略して「テール・コーム」もしくは「リング・コーム」と呼ばれることもある。

分け目の他にも、カットするときに引き出す髪を取り分けたり、パーマのロッドに巻く髪を取り出したりするのに使われる。

使う人によっては、親指を乗せる部分を熱で溶かすなどして丸くし、使いやすくしている場合もあるらしい。

パーゴラ
植物のつるをはわせる棚

藤やブドウといったつる植物をはわせる棚を「パーゴラ」という。格子状になった洋風の棚で、もとはイタリアでブドウ棚を指した言葉。それがテラスの上部に組む棚を指すようになった。

　葉が茂る夏には日陰をつくり、葉の落ちる季節になると日が差し込むという、自然の利点を生かした日よけとして、公園やテラスなどでよく見かける。ただし、天井を遮るものがないので雨宿りには不向きだ。

　植物を絡ませなくとも、シェードと呼ばれる日よけの布や、透明もしくは半透明の屋根材をはめ込んだものも、屋外インテリアとして出回っている。

ろくろ
傘の骨が集まっている部分

傘の骨は、生地に密着している「親骨」と親骨を支える「受骨」から成る。この2種類の骨がシャフトに集中する部分が「ろくろ」だ。

　ろくろには親骨が集まる「上ろくろ」と受骨が集まる「下ろくろ」に分かれ、

下ろくろが上下することで、傘を閉じたり開いたりする仕組みだ。

ろくろという名称は和傘から受け継がれているものである。

和傘の骨は竹、ろ

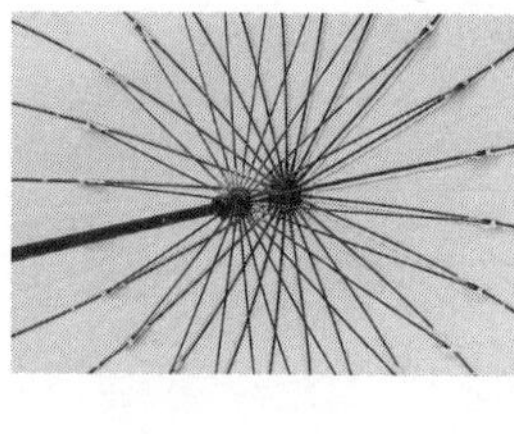

くろはエゴノキという木材から作られている。

現在、この和傘ろくろを作る職人は、和傘生産の9割を占める岐阜県にただ一人しかいない。

タレ瓶
弁当に入った、小さな醤油入れ

駅弁や幕の内弁当を買うと、魚などの形をした小さな醤油入れが入っている。これは「ランチャーム」とも呼ばれるが、それは商品名で、正式名は「タレ瓶」という。

最初に開発・製造を行なったのは大阪市の株式会社旭創業。創業者の渡辺輝夫氏が1954年に、これからは経済的なポリエチレンの時代が来るとひらめく。

当時の弁当用タレ容器は、陶器かガラス製だった。そこで渡辺氏は、コストも低く割れる心配もないポリエチレン製の容器に着手。3年後にランチャームとして売り出した。

近年は魚やボトルタイプだけでなく、ナイロンやアルミを使用したフィルムタイプも販売されている。

擬宝珠
橋の手すりの柱にあるタマネギ

京都の三条大橋や東京の日本橋などの欄干(らんかん)の柱の上に飾られている、タマネギのような装飾品。これは「擬宝珠(ぎぼし)」といい、柱が木製の場合は腐食を防ぐ役目もある。

擬宝珠の起源には諸説があり、一つは仏教の「宝珠」からきているとするもの。

宝珠とは釈迦の骨壺(こつつぼ)の形、もしくは龍神の頭の中から出てきた珠を指すといわれている。地蔵菩薩(じぞうぼさつ)などの仏像は、この宝珠を手のひらに乗せていて、「模擬(もぎ)の宝珠」という意味から擬宝珠とつけられたとする。

もう一つはネギの持つ独特の臭いが魔除(まよ)けにもなると信じられ、使われるようになったとする説だ。

もともとは「ネギ帽子」「ネギ坊主」と表されていたところに、あとから擬宝珠という字を当てたとする。

ヘッドピン
ボウリングの先頭のピンの愛称

ご存じのとおり、ボウリングは硬質ラバーなどで作られたボールを転がし、10本のピンを倒す競技だ。

日本では、早くも19世紀の江戸時代に長崎居留地(きょりゅうち)でボウリング場が開設され、

1970年前後には爆発的なブームが起きた。

そんなボウリングのピンには、ニックネーム的な名称があり、先頭に立つ1番ピンは「ヘッドピン」と呼ばれる。

他にも9本のピンに囲まれた5番ピンは「キングピン」、10番ピンは「テンピン」とも呼ばれるが、7番ピンとともにユニークな愛称がある。

7番ピンは、よく残ることから「マザー・イン・ロー」。これは英語で姑（しゅうとめ）を差し、「意地悪でよく頑張る」という意味がある。

10番ピンの別名は未亡人を意味する「ウィドウ」。これも「寂しく立っている」という解釈から、よく残ることを表している。

バラン
おかずを仕切るギザギザで緑の葉

弁当箱に詰めたおかずの仕切りに使われる、ギザギザになった緑色の葉っぱ。呼び名を「バラン」「ハラン」といい、ハランという植物の葉を指す。

ハランは漢字で葉蘭と書くが、ランよりもスズランに近い品種で、地面に広がる大きな葉が特徴だ。

また、ハランの葉には防腐（ぼうふ）や殺菌作用があるともいわれ、寿司屋で寿司の下に敷（し）くのはそのためだ。

ハランと同じ効果があるとされるササの葉が用いられることもある。

このハランの特徴を利用し、仕切りだけの目的で作られたのがビニール製の

「人造バラン」。

　人造ハランが濁(にご)って「人造バラン」となり、今は「バラン」とだけ呼ぶ、との意見もあるが、関西方面では昔からバランと呼ぶのが一般的なので、この説には疑いも持たれている。

鯨幕
葬式のときに使われる白黒の幕

　イベントや祝い事の際に張られる幕を「紅白幕(こうはくまく)」という。白と赤のツートーンからそう呼ばれているのは、名前を見れば明白だ。

　では、葬儀に使われる幕は何と呼ぶか。紅白に対抗して「黒白幕」といいたいところだが、こちらは「鯨幕(くじらまく)」といい、クジラの体が黒と白の2色であること、もしくは黒い皮を剝(は)いだときの身が脂(あぶら)で白いことから名づけられたという。

　ただ、日本の葬儀は昔から白が使われていて、黒が忌事(いみごと)に用いられるようになったのは、明治時代に西洋風の概念が流入してからのこと。

　葬儀の鯨幕が一般的になったのは昭和初期以降とされ、現在でも皇室の慶事では鯨幕が使用されている。

頂華
旗の先についている丸い玉

　祝日などで日の丸を掲揚(けいよう)するとき、竿(さお)の先には金色の丸い玉をつける。この玉の名前は形と色からくる「金の玉」ではなく、「頂華(ちょうか)」という。

　その字の通り、旗竿(はたざお)の頂(いただき)に華(はな)やかさを

備えるためだ。

金色の頂華と白黒の縞模様の旗竿は、神武天皇の神話をヒントにしたとの説もある。

神武天皇は弓を立てて持ち、その先に道先案内を務めたヤタガラスがとまっているという姿で描かれることが多い。

この弓を旗竿、ヤタガラスを金色の球に見立てているわけだ。

SOS
海外映画で見るマチのついた紙袋

２０２０年、プラスチックごみが問題となってレジ袋が有料化された。また環境問題に敏感な企業では、レジ袋を紙製のものに戻す動きも出始めている。

昔の海外の映画を見ると、平底でマチのついた大きな紙袋に品物を詰め、両手で抱えて歩くシーンがよく映し出される。帰宅してテーブルの上に置いても倒れないのが印象的だった。

あの紙袋は「セルフ・オープニング・サック」、略して「ＳＯＳ」といい、デザインとネーミングを考えたのはアメリカ人のチャールズ・スティルウェルという元軍人だ。

それまでは封筒式の袋しかなかった時代、ＳＯＳは簡単に広げて物を入れることができ、容量も大幅アップ。さらに、１９３０年代に誕生したスーパーマーケット人気も追い風となる。

環境保護のためにも、ＳＯＣが見直される日が近いかもしれない。

スキットル
映画でおなじみの、酒を入れる銀色容器

ウエスタン映画などによく出てくる、一匹狼の主人公が、懐（ふところ）から取り出しグイッとウイスキーを飲み干すシーン。

あの不思議な形をした小さな金属製のボトルは「スキットル」という。その由来は意外に健全で、18世紀頃、イギリスで流行っていた「スキットル」という遊びからきている。

木製のピンを倒す遊びで、そのピンの形とボトルの形状が似ていることから、こう呼ばれるようになった。

スキットルが生まれた背景には、17～19世紀頃の産業革命による水汚染がある。当時のヨーロッパでは、水を飲むことは命に関わり、アルコール消毒の意味を込めて、酒と水を混ぜて飲む必要があったのだ。

四阿
屋根と柱だけしかない休憩所

広い日本庭園でよく見る、壁のない、四方の柱と屋根だけで構成された小さな休憩所。

これは「四阿」と呼ばれるものだ。あまり見慣れない漢字だが、読み方は「し

あ」とも「あずまや」と読まれる。

「阿」は中国「棟（むね）」という意味で、四阿は四方に棟（屋根の合わさる部分）がある建物という意味を表しているのだ。

また、「東屋」という漢字が使われることも多いが、こちらは奈良時代の言葉「東屋（あずまや）」が語源。東は「いなか」を意味している。

四阿と同じ、庭園にある小さな休憩所を西洋では「ガゼボ」と呼ぶ。語源はフランス語で「なんと美しいのだろう」という意味の「Que c'est beau」が変形したとされる説もあり、なんともオシャレである。

インバネスコート
シャーロック・ホームズといえばこれ

世界的に有名な推理小説、シャーロック・ホームズシリーズ。シャーロック・ホームズのトレードマークといえば、パイプ、鹿打帽（しかうちぼう）、そしてケープつきのコートの3点セット。

このケープつきのコートは「インバネスコート」という名前だ。スコットランドのインヴァネス地方が発祥というのが、名前の由来である。

ただ、インバネスコートも鹿打帽も、ホームズが愛用しているという記述は、作中に無い。

このイメージがファンに定着したきっかけは、シドニー・パジェッーの挿絵だという。それが好評でホームズの演劇などでも取り入れられ、広まっていったようである。

日本ではインバネスコートは「二重マント」「とんびコート」と呼ばれ、大正時代から昭和初期にかけて流行した。大きな袖が、和服の上に羽織るのにちょうどよかったようだ。

フレキ管
自在に曲がる蛇のような金属パイプ

水道管や湯沸(ゆわ)かし器の給湯管に使われる、折り曲げ可能な金属のパイプをご存じだろうか。一般的な塩ビパイプと違って高熱に強く、簡単にカーブを描けるのが特徴だ。

このパイプを「フレキ管」もしくは「フレキシブルパイプ」といい、フレキシブルとは融通(ゆうずう)が利(き)くという意味。

その名の通り、狭い場所や短い区間で曲げる必要があるときなどに重宝(ちょうほう)し、しかも丈夫だ。

片側にナットがついているT型や、「チューブ」と呼ばれるナット・パッキンつきの型、必要な長さにカットして使える巻型のパイプがあり、加工もしやすい。

ただし、塩ビパイプに比べると価格が高くなるのが欠点ではある。

ズケット
カトリック聖職者が被る小さな帽子

ローマ・カトリック教会の高位聖職者が被っている、頭の上にちょこんと乗った半球型の帽子。何と呼ぶか御存じだろうか?

あれはベレー帽にあらず。イタリア語で「ズケット」、ラテン語で「カロッタ」と呼ばれるものだ。

13世紀頃から使われ始めたが、当時は、聖職者たちが叙階すると頭頂部の毛髪を剃るため、その部分を覆う役割を果たしていた。

しかし、次第にズケットの色で聖職者の身分も示すようになっていく。1968年には、パウロ6世によって、高位聖職者はズケットを着用するよう定められた。

「ズケット」の語源はイタリア語で「頭」を指す「zucca」に由来するもの。ミサの間はズケットを脱ぐ必要があり、これは「神にのみ脱帽する」ことを示す意味を持っている。

アスクレピオスの杖
WHOのロゴマークに描かれた杖

2020年、コロナの感染拡大によりニュースでは頻繁に世界保健機関(WHO)の声明が流れた。

テレビでブルーと白のロゴマークも背景によく映ったが、そこに組み込まれた蛇(へび)が巻きついた杖(つえ)が描かれているのを見た人もいるだろう。

あれは「アスクレピオスの杖」と呼ばれる医学界の象徴的存在である。救急車のボディや救命救急のシンボルマーク「スターオブライフ」にも、「アスクレピオスの杖」を見ることができる。

名前の由来は、ギリシャ神話に登場し、「へびつかい座」としても有名なアスクレピオス。

治療の神として有名で、さらに古代ローマで疫病が流行した際には、アスクレピオスはヘビの姿に身を変えて疫病の流行を止めたという伝説も残っている。

切羽
刀のつばを挟むように装着する金具

日本が誇る伝統工芸の極みともいえる日本刀。その構造は精巧(せいこう)で、十数ものパーツに分かれている。その中で、刀身と柄(え)の間に設置される円盤(えんばん)状の「つば」はよく知られている。

が、その裏表を挟むように装着する金具の存在をご存じだろうか。

これは「切羽(せっぱ)」と呼ばれるもので、語源は「狭鍔(せつば)」または「副鍔(そえつば)」から発展したものだとされる。切羽がつばや刀身を挟み込んで固定し、ぐらつかないようにする。

これが「切羽詰まる」の語源となっている。切羽が詰まると刀が抜けなくなることから「どうにもならなくなること」を意味するようになった、という説が広く伝わっている。

だが、切羽が詰まり刀が抜けなくなることはない。

挟み込んで動けなくする切羽の役割が「逃げ場がなくなる」状態を表すようになった、というのが正しいだろう。

3章

まさか名前があったとは…
現象・行為の正しい名称

◆例えば「匂いで記憶が蘇る」ことを何と言う？

ＥＬＩＺＡ効果

機械なのに人間味を感じてしまう

「Hey, siri!」「アレクサ、音楽かけて」と、今やスマホなどでＡＩと会話をするシーンも日常的になってきた。

もはやＡＩだとは頭ではわかっていても、そこに人間らしさを見出してしまうことも多いだろう。「私の考えていることも、ちゃんとわかっているんじゃ？」と。

これを「ＥＬＩＺＡ（イライザ）効果」と呼ぶ。「ＥＬＩＺＡ」とは、１９６６年、最初に作られた人工無脳（ツイッターの「Bot」などと呼ばれるタイプのプログラム）の名前だ。

最初から決まった答えが仕込まれているとわかっていても、「自分の話に興味があるのでは？」と思ってしまう。ＳＦ小説の題材になりそうな心理である。

モアレ

模様が干渉し合って突然生まれる柄

プロジェクターの映像をスクリーンに投影した際など、モヤモヤした柄（がら）が発生する現象を「モアレ」という。網点など規則正しい模様が重なると、並び間隔（かんかく）の差によって縞（しま）模様が発生するのだ。

「モアレ」の語源は、「モワレ（moiré）」というフランス語。「波紋（はもん）」「干渉縞」という意味である。

ファッション業界で「モアレ」は、美しい杢目（もくめ）模様を生み、シルクやタフタなどのモアレ生地はウエディングドレスにも用いられる。

だが、印刷業界で「モアレ」は印刷が汚れているように見え嫌われる。この発生を極力防ぐため、印刷会社は常に緻密(ちみつ)な設定が求められるのである。

ペンローズの階段

エッシャーのだまし絵として有名

不思議絵で有名な、オランダの画家マウリッツ・エッシャーのリトグラフ『上昇と下降(Ascending and Descending)』には、僧院の階段を修道士が上る様子が描かれている。ただ、左回りなら下り続け、右回りなら上り続け、結局永遠に上り続ける状態で、見ているだけで不思議な感覚になる。

この階段は「ペンローズの階段」と呼ばれる仕組みから着想を得て描かれたもの。一種の錯視で、二次元でのみ表現でき、実際には立体化できない「不可能図形」の一つである。

数学者のライオネル・ペンローズと息子のロジャー・ペンローズが考案した不可能図形なので、この名がついた。

ウェルテル効果

連鎖的に自殺が増えるのをなぜこう言う?

「ウェルテル効果」とは、社会的に影響力のある有名人や人気の高い人間が自殺すると、連鎖的に自殺が増えてしまう現象をいう。

「ウェルテル」という名は、ドイツの文豪ゲーテが1774年に刊行した名著『若きウェルテルの悩み』からとられている。この小説で、主人公ウェルテルは社会的な悩みや恋愛の苦しみにより、自殺してしまう。

この小説が当時、ヨーロッパの若い世代にヒットし、自殺が流行したのである。

現在では特に、マスメディアの報道に影響され、自殺が増える事象を指すことが多い。

TOT現象
名前が出そうで出ない、あの感じ

「昨日あの人にあったよ。ほら、アが最初につくあの人！」

年齢を重ねるとともに、増えてくる「アレ」。

人物や地名、物などの名前を思い出そうとしても思い出せない。やっと思い出せても、その名称の頭文字や文字列の一部や文字数、似ている単語のみ。イライラするが、いつまでたっても正式名称が出てこない。

この現象は心理学用語で「TOT現象」という。「TOT」は、「Tip of The Tongue（舌先）」の頭文字から。まさに「舌先まで出かかってるのに出ない！」という意味である。

年齢が比較的高くなると、語彙（ごい）が豊富になるのがその原因とされている。さらに脳機能の低下も加わり、膨大（ぼうだい）に記憶している言葉をうまく検索できなくなるのである。

エコーチェンバー現象

「自分が正しい」がどんどん増強される

ＳＮＳなどで、自分と同じ意見の人が集まるコミュニティにいると、安心するし、楽しいのは当然だ。反対意見のない環境で、同じような意見を見聞きし続けるので、自分たちの意見が「間違いない」と強く思うようになる。

もしくは、どんどん考えが増幅していく。これを「エコーチェンバー現象」という。

「エコーチェンバー」とは、閉じられた空間で、あらゆる方向から自分の声が返ってくる設計のことをいい、レコーディングスタジオによく設置されている。この、閉じた小部屋で自分の声が反響する現象と、狭いコミュニティで同じような意見や思想が返ってくるという状況は確かに似ている。

だが、心地はよいが、他の声が聞こえない、というのはかなり危険な状態でもあるのだ。

ジャネーの法則

加齢と共に時の流れが速く感じられること

「年を重ねるごとに時間が経つのが早くなる」

この法則は、19世紀のフランスの哲学者ポール・ジャネーによって発見され、甥の心理学者ピエール・ジャネーが自身の著作で世に広めた。そのため「ジャネーの法則」といわれている。

もちろん、本当に時間の速度が変わる

わけはない。あくまで「心理的な時間の長さ」である。「主観的に記憶される年月の長さは、年少者にはより長く、年長者にはより短く評価される」ということなのだ。

例えば5歳の子どもにとっての1年は、それまでの人生の20％を占める。が、50歳の大人にとっては、1年はそれまでの人生の2％にすぎない。人生において1年間の比率が減っていくので体感時間が短くなる、とジャネーは説明している。

コリジョンコース現象
目の錯覚で近づく車が止まって見える

長距離走っていても、周りの風景はあまり変わらない、とても見通しの良い道路にある交差点。安心して車を運転できる環境だからといって、「ここで事故など起こるはずがない」と油断すると危険である。

こういった平地が続くほど、道路が直角に交差する交差点で事故を起こしてしまう確率が高いのだ。こうした現象を「コリジョンコース現象」という。

「コリジョンコース現象」の「コリジョン（collision）」とは「衝突、激突」を意味する。周りの風景が変わらず、さらに見通しが良いことで目の錯覚が起こり、近づいてくる車両が止まって見えるのが原因だ。

過去に北海道の十勝（とかち）地方で多発したことから「十勝型交通事故」とも呼ばれる。ときどき意識して頭や目線を左右に動かして視野を広く持つだけでも予防対策となるので、覚えておくといいだろう。

シンクロニシティ

偶然では片づけられない奇妙な一致

「連絡しようと思っていた人からたまたま連絡が来た」「友達と同じタイミングで同じことを言った」など、驚くような偶然がある。「たまたま」といえばそれまでだが、かなり不思議な気持ちになるものだ。

これを「意味のある偶然の一致」としたのが、スイスの心理学者カール・グスタフ・ユングで、彼はこれを「シンクロニシティ」と名づけた。意味は英語で「同時の、同時に発生する」シンクロ(synchronous)から。「共時性」とも訳される。

日本では「虫の知らせ」という言い方をすることがある。これは古来、人間の体内に虫が住んでおり、身体や意識・感情に影響を与えると考えられていたことから来ている。

ストライサンド効果

削除したのにどんどん拡散されていく…

ツイッターなどで、かなり極端な書き込みをしたあと「これヤバいな」と思い、削除。だがその投稿を「削除」したことで逆に情報が拡散してしまう……。

これはインターネット・ミーム（インターネット上の流行語）で「ストライサンド現象」と呼ばれている。その語源は、アメリカの女優バーブラ・ストライサンドから。ストライサンドがマリブにある自宅の空撮写真をインターネット上から排除しようとして、逆に注目を浴びてしまったことに由来する。

消したことで周りの好奇心を煽ってしまうだけでなく、いったん投稿した記事を削除するという行為が、投稿内容よりもはるかに大きな批判を受ける結果になるのだ。

ファントム・バイブレーション・シンドローム

着信かと思ったら何でもなかった

携帯電話が一般的になってから便利にはなったが、仕事先からの電話から逃げられなくなった。どこにいてもスマホで連絡が取れる時代。音を消していても、バイブレーション機能による着信通知を気にかける人も多いだろう。

「あれっ、今振動を感じたのに?」

そんなふうに、着信がないにもかかわらず錯覚する経験も、多くの人がしているはずだ。

この現象は「ファントム・バイブレーション・シンドローム」と呼ばれる。「ファントム(phantom)」は英語で「まぼろし」や「幽霊」という意味。日本語で言うと「幻想振動症候群」。振動に対して脳が過敏になっていることから起こるのだそうだ。あまりにもこれが続くようなら、ストレスが溜まっていると自覚すべきだろう。

シミュラクラ現象

三つ点が集まると人の顔に見えてしまう

「なんかあの木、人の顔に見えない?」

「コンセントがビックリしている顔に見える」

このように、日常のいたるところにある「三つ点が集まったモノ」が、人間の顔に見えてしまうことがある。

これは「シミュラクラ現象」と呼ばれ、「シミュラクル(ム)(simulacrum)」とは英語で「像」「幻影(げんえい)」「偽物(にせもの)」といった意味の言葉である。

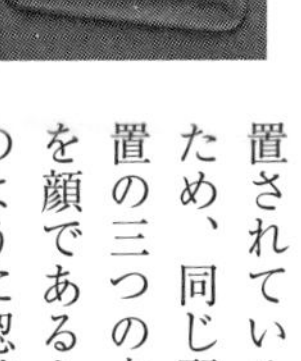

人は、他人や動物に出合った場合、まず「目」を確認しようとする本能がある。人や動物は、逆三角形の形で目と口が配置されているため、同じ配置の三つの点を顔であるかのように認識してしまうのだ。

トリスカイデカフォビア

不吉のナンバー13恐怖症！

何か不吉なことが起こるとされている「13日の金曜日」。日本ではあまり気にする人はいないが、アメリカでは「13」は忌(い)み数としてかなり嫌われており、部屋の番号や階数で「13」を外している建物も多い。

「13」の数字に対して、極端に恐怖する病気まであるのだ。これを「トリスカイデカフォビア」と呼ぶ。アメリカだけで約2000万人の患者がいるというから驚きである。

「トリスカイデカフォビア」とはギリシャ語で「13」を意味する「トリスカイデ

カ（triskaideka）」と「恐怖症」を意味する「フォビア（phobia）」の二つを合成した言葉だ。

キリストが処刑された日が13日だから、という説もあるが、聖書にはそういった記述は無い。

カトリックの本場であるイタリアでは、13よりも17が不吉な数字とされているという。

パウリ効果

自分が触れるとなぜか機械が壊れる…

「他の人が触ると普通に動くのに、自分が触ると機械の調子が悪くなる」もしくは「機械がすぐ壊れる」という、「機械に嫌われている人」がたまにいる。

このように、装置に触ったり近寄ったりするだけで不可解な故障をすることを「パウリ効果」と呼ぶ。

「パウリ」というのは、ノーベル物理学賞も受賞している物理学者ヴォルフガング・パウリ氏の名前から。パウリ氏自身が、近づいただけで実験道具が壊れるなど、「謎の偶然で機械を壊す」ことで有名だったのだ。

パウリ氏と親交のある人たちがさまざまな現場を目撃し、「パウリ効果だ！」と言うようになったという。

こういった偶然については、シンクロニシティと同じものである、とする説や、パウリ氏の強い緊張や念力が物理的に影響を与え、発生させたとする「ポルターガイスト」の一つなのではないかという説まである。

ハローエフェクト

この人が言うんだから間違いない！

商品自体はピンとこないのに、憧れのタレントが宣伝していると「絶対にイイものに違いない！」と思い込んでしまうことはよくある。CMで好感度の高い芸能人を起用するのは、まさにこの効果を狙ってのことだ。

これを心理学では「ハローエフェクト」「ハロー効果」と呼ぶ。「ハロー（halo）」とは、「後光」や「光輪」の意味。対象物を評価するとき、別の特徴に引きずられ、全体の評価が歪むことを指す。

この現象は「ポジティブ・ハロー」と「ネガティブ・ハロー」があり、前述したCMはポジティブ・ハロー。ある特定の評価が高いと感じた場合に、別の項目も高くしてしまう現象である。

後者のネガティブ・ハローは、印象の悪い特徴に引きずられて全体の評価を下げてしまうこと。スーツが安っぽいという印象で「仕事ができない」と決めつける、というのがこれに当たる。

「公平に対象物や人を評価する」のは難しいものである。

ピグマリオン効果

期待の有無が成績を左右する?!

教育現場でよく使われる「ピグマリオン効果」という言葉。これは、簡単に言えば「褒められて伸びる」こと。周りの期待を受けることで、学習や作業などの成績が向上するというものだ。

この研究結果を発表したのは、アメリカの心理学者であるロバート・ローゼンタール。「ピグマリオン」は、ギリシャ神話に出てくる彫刻家(ちょうこくか)の名前である。

ピグマリオンは自らが彫(ほ)った彫像(ちょうぞう)に恋をしてしまう。その愛が報(むく)われるように祈り続けると、神がその願いを聞き入れ、彫像に命を吹き込んだという伝説がある。

この「期待を持ち続けることで、よい結果が訪れる」という神話が「期待されることが好影響する」効果を結びつけ、この名がついたのだ。

ブーメラン効果

求めれば求めるほど離れていくこと

遠くに投げても、手元に戻ってくる狩(しゅ)猟(りょう)道具「ブーメラン」。この特徴から、人への批判や厳しい言動が、自分の身に返ってくることを「ブーメラン」と揶揄(やゆ)することも多い。

また、「ブーメラン効果」という心理現象もある。これは、相手に向かって必死に説得すればするほど、元の出発点に戻ってしまう、もしくは逆効果になってしまう。つまり「相手に届かない」ことを指す。

例えば、説得するほど反発されたり、相手を求めるほど嫌われたりする。「こんなに強い思いで気持ちを伝えているのに、なんで逆になっちゃうの?」と思うだろうが、その強過ぎる一方的なアプローチがブーメランの原因なのだ。

「追えば逃げる」というのが、人間の基

本なのである。

スプーナリズム

「夏は暑い」→「あつはなつい」など

「スプーナリズム」で、一番わかりやすい例を挙げると「夏は暑いなあ」を「あつはなつい」と言い間違えることである。

つまり、二つ以上の音節が連続するとき、その前後で音が入れ替わってしまうことだが、これを言葉遊びとして意図的に行なうこともある。

語源は、オックスフォード大学ニュー・カレッジの学寮長を務めた神学者ウィリアム・アーチボールド・スプーナーに由来する。

このスプーナー氏、「我らが親愛なる女王（our dear queen）」と言おうとして「我らが奇人なる学寮長（our queer dean）」と言い間違えてしまう一風変わった人物であった。

しかし、音の入れ替わりで偶然別の意味になってしまうという面白さがあったことで、逆にその言い間違いは、学生たちから愛されていたのだという。

しかしなぜ、音が入れ替わってしまうのか。これは、頭の回転が速すぎて、発話がそれについていかないのが原因らしい。頭が良すぎるのも大変なのだ。

ベイカー・ベイカー・パラドクス

名前以外は覚えているのに…

「今日あの人に会ったわ。ほら、○○ちゃんのお母さんで、ＰＴＡの会長をしてる人！」

このように、周りの環境はどんどん思い出しているのに、肝心（かんじん）の本人の名前だけが思い出せないということがよくある。

この現象は「ベイカー・ベイカー・パラドクス」と呼ばれるもの。由来は「その人の職業がパン屋（baker）というところまで思い出せるのに、ベイカーという名前が思い出せない」というアメリカンジョークから。

人は物事を記憶する際、メインとなる記憶と、それ以外の情報を関連づけ、一つのネットワークとして覚える。ただし名前は、名前以外の情報と関連づけるのが難しいため、パッと出てこなくなるのである。

この「関連づけ」が記憶のポイントで、「甘えん坊の安西さん」など、何かと関連づけて覚えておくといいのだそうだ。

プルースト効果

匂いを嗅ぐと「あの日々」を思い出す

秋、キンモクセイの香りが漂（ただよ）い、それを嗅（か）ぐと幼少期を思い出す。このように、特定の匂いが、それに結びつく記憶や感情を呼び起こす現象を「プルースト効果」と呼ばれている。

「プルースト」とは、フランスの作家マルセル・プルーストのことである。

プルーストの長編小説『失われた時を求めて』は20世紀を代表する傑作（けっさく）といわれている。そして、この小説の主人公の「失われた時（記憶）」を思い出すきっかけになったのが、紅茶に浸したマドレーヌの香りだったのだ。

「町も庭も、私の1杯のお茶からとび出してきたのだ」という表現は、まさに香りから思い出が具体的に甦る(よみがえる)ことがありありとわかる名文である。

ゲシュタルト崩壊

凝視するほどバラバラに見えてしまう

同じ漢字をじっと見ていると、初めは一つの漢字として認識できていたのに、次第にバラバラのパーツに見えてしまい、結果的に意味がわからなくなる……。集中的に一つの物をジッと見過ぎたときによく起こる現象だ。これは「ゲシュタルト崩壊」と呼ばれる。

ゲシュタルトの語源はドイツ語の「Gestalt」で、「形」「形態」を意味する。ただし、心理用語で「ゲシュタルト」という場合は、「部分からは導くことのできない、一つのまとまった有機的・具体的な全体性のある構造を持ったもの」という意味で使われる。

ドイツの心理学者であるマックス・ヴェルトハイマーは、人は個別の情報を認識するのではなく、一つの集合体として情報を認識するという「ゲシュタルト心理学」を提唱(ていしょう)。

しかし、認知能力が低下することによってその「全体のバランス」がわからず、バラバラに認識してしまうことがある。これが「ゲシュタルト崩壊」なのだ。

ロングテール現象

2割のヒットが8割の売り上げを稼ぐという法則の真逆

実在する店舗の場合、経済業界では

「市場に出回る商品の2割のヒット商品が、全体の8割の売上げを稼ぐ」という法則があるとされる。

ところが、インターネットビジネスが盛んになった昨今、これと対極をなす収益構造が見えてきた。それが「ロングテール現象」である。

実店舗や在庫を持たないネット販売では、あまり数が出ないニッチ商品（市場規模の小さな商品）の販売額の合計が、ベストセラー商品の販売額合計を上回るようになるという現象が起こるのだ。

これを提唱したのが、雑誌『ワイヤード』編集長のクリス・アンダーソン氏。2004年に自著『ザ・ロング・テール（the Long Tail）』を発表し、アメリカの大手通販サービスであるアマゾンや、DVDレンタル店のネットフリックスの成功を説明するために、この言葉を用いたのである。

販売数量順に並べたパレート図を描くと、ベストセラーが恐竜の高い首の部分、ニッチ商品が長い尾のように見えることから、この名がついた。

ダニング=クルーガー効果
ダメな奴ほど自分を過大評価しがち

「ダニング=クルーガー効果」とは、能力の低い人ほど自らを過大評価してしまう傾向のこと。これが正式に定義されたのは1999年。アメリカ・コーネル大学の心理学者デイヴィッド・ダニングとジャスティン・クルーガーの2人が実験によって明らかにしたので、この名前がついた。

2人の実験によると、愚か者は「自分の能力を過大評価する」「他者の能力を正確に評価できない」「評価の不適切さを全く認識できない」という三つにより、自分の評価が高くなるという。

2人の論文は、2000年のイグノーベル賞（人々を笑わせ、そして考えさせる業績に与えられる賞）で心理学賞を受賞している。

ツァイガルニク効果

成功より失敗ばかりが頭に浮かぶこと

ある仕事A・Bを任され、Aはうまくいったが、Bはうまくいかなかったとする。その日の夜、眠る前に思い浮かぶのはなぜか「うまくいかなかったB」であるほうが多い。

これは人間の心理現象で、人はたいてい目標を達成できなかったこと、中断していることのほうを強く記憶してしまうのだ。

この現象は「ツァイガルニク効果」と呼ばれ、リトアニア出身で旧ソビエト連邦の心理学者ブルーマ・ツァイガルニクが、実験的にこの現象を示したことから、この名がついた。

どうしてマイナスのことばかり頭に残るのかといえば、目標を達成したら、人はそのことについての緊張感が解消するためである。

だから、例えばテストで9割しっかり解答できても「解けなかった1割」のほうを考えてしまい、後悔でいっぱいになってしまう。

人間の脳は「未達成のほう」を想起しやすいようにできているのだ。

パラドクス

「私は嘘つき」という発言は事実か？

「パラドクス」とは、一見正しく見える理論の中に、明らかに成立しない条件や受け入れがたい結論がある状態のことを指す。

これは古代ギリシャからある考え方で、語源は「para（反、超）」「doxa（意見、通念）」が合わさったギリシャ語の「パラドキサ（paradoxa）」に由来する。

有名なパラドクスに「自己言及のパラドクス」というものがある。それは次のようなものだ。

ある人物が「私は嘘つき」という発言をした時、本当にその人が嘘つきなら「私は嘘つき」という主張も嘘ということになってしまう。

では逆に「私は正直」という答えが正しいのかとなると、今度は嘘つきという前提がおかしくなってくる。よって、この発言自体が矛盾しているということになる。

ということで、どう考えても真偽がはっきりしない結果となる。

考えても結局答えは出てこない「パラドクス」の世界。世界は矛盾で満ちているのである。

スモール・ワールド現象

世界は驚くほど小さかった?!

ＳＮＳの友達つながりで「あれ？　あと2、3人で有名人とつながる？」と驚くときがある。

これが「偶然」ではなく、実は知り合いを芋づる式に6人つなげると、自分と世界中の人たちはみんなつながっているのだという仮説がある。

「6人」という数字に確固たるエビデンスはないが、そうした「人のつながりにおいて世間は狭い」という考え方のことを「スモール・ワールド（小さな世界）現象」という。

１９６７年に社会心理学者スタンレー・ミルグラムが「スモール・ワールド」という言葉を使い論文に発表した。

ちょうど同時期に、ディズニーのアトラクション「イッツ・ア・スモール・ワールド」がカリフォルニア州のディズニーランドに移設されており、それと関連づけて名前をつけたという説もある。

シュリンクフレーション

値段は据え置きで容量が小ぶりに…

「あれっ、なんだかこのお菓子、中身が少なくなったなあ」

このように、値段は据え置きのまま、微妙に容量やサイズが小さくなっていることがある。これは「シュリンクフレーション」と呼ばれるもの。

「収縮する、減少する」を意味する「シュリンク（shrink）」と、物価上昇を意味する「インフレーション（inflation）」を合成してできた新語なのだ。

２００９年、イギリスの菓子メーカー、マース社が、チョコレートバーのサイズを小さくし値段はそのままで売った際、経済学者が造語して指摘したのが始まりとされる。

イギリスやアメリカでは使われていたものの、日本ではまだ「隠れた」という意味の「ステルス（stealth）」をつけた「ステルス値上げ」のほうがよく使われている。

先天的音楽機能不全

いわゆる「音痴」の正式名称

歌は大好きなのに、カラオケに行くと音程が取れない……。いわゆる「音痴（おんち）」だが、正式名称は「先天的音楽機能不全」という。

そもそも「音痴」の「痴」は、感覚が劣ることを蔑（さげす）んだ表現で、学生たちによるからかい言葉から広がった俗語（ぞくご）といわれている。

これが次第に「生理的欠陥（けっかん）によって正しい音の認識と記憶や発声ができないこと。またそういう人」という意味がついていったようだ。

音楽業界では、出すべき音程やリズムから外れる、という理由から「調子外れ」と呼ぶ。

音が外れる理由にはいろいろあるが、その中で「自分は音痴だ」と思い込み、それが原因になっていることも多いのだそうだ。

ジャーキング
居眠りしてたら突然ビクッとなるアレ

電車の中などでウトウト居眠りをしていたら、突然ビクッ！　と体が動き、驚いて起きる……。

誰もが一度は経験があるだろう。これは、自分の意思とは無関係な筋肉の収縮の一種で、「ジャーキング」と呼ばれるものだ。

語源は、英語で痙攣や急に動かすことなどを表す「ジャーク（jerk）」から。主に入眠時に起こりやすく、体や心が疲れていることで脳が混乱し、間違って筋肉を収縮させる信号を送ってしまうことが原因とされている。

つまり、ジャーキングは「お疲れの合図」なのだ。

別名「スリープスターツ（sleep starts）」ともいわれ、スターツには「ビクッとする」という意味がある。

モロー反射
乳児に見られる無意識のしぐさ

生まれたばかりの乳児に見られる、何かに抱きつこうとするように大きく手を広げる動き。こうした行為を見て「はいはい、私に抱っこしてほしいのね！」と母性を爆発させる人も多かろう。

ただ、これは赤ちゃんの意思とは関係なく、音や自分の体勢など周囲から刺激を受けたときに起きる「原始反射」の一つ。「モロー反射」というものなのである。

20世紀初期にオーストリアの小児科

医、エルンスト・モローが発見したことからこの名前がついた。

生後0～3か月頃によく見られ、4か月以降には少しずつモロー反射はなくなるとされている。

アイスクリーム頭痛

最近までこれが正式名称だった!

冷たいものを食べると頭がキーンと痛くなる。アイスクリームは大好きだけど、この頭痛が怖くて、という人も多いだろう。実はこの頭痛の正式名称は、少し前までそのまま「アイスクリーム頭痛」だった。

一般社団法人日本頭痛学会により2004年に公開された「国際頭痛分類」第2版にはアイスクリーム頭痛という言葉が使用されている。しかし、2013年に公開された「国際頭痛分類」第3版β版では「寒冷(かんれい)刺激による頭痛」と名称が変更された。

ちなみに、英語ではこの頭痛を「ブレイン・フリーズ(brain freeze)」という。直訳すると「脳みそが凍(こお)る」。

「アイスクリーム・ヘッデイク(ice-cream headache)」というまさに「アイスクリーム頭痛」という言葉もあるが、こちらはあまり日常で使われていないようである。

イヤーワーム現象

あの曲が耳から離れない!

「特に好きでもないのに、あの曲のワンフレーズが頭から離れない!」

そんな謎の「脳内ヘビロテ」を体験したことがある人は多いだろう。というのも「イヤーワーム現象」は、90％以上の人が日常生活で経験するそうだ。

イヤーワームの語源は、ドイツ語で「ハサミムシ」を意味する「オーアヴルム（Ohrwurm）」。ハサミムシは「耳の中に棲み着く」という迷信があり、これが同じ曲が繰り返されることを意味するようになったようだ。

また、英語では「ear（耳）」「worm（細長い虫）」となり、こちらも意味としては同じく、延々と同じ曲が繰り返されることを虫に例えて表現している。

「イヤーワーム」はあまりポジティブな表現ではないが、耳について離れない曲の代表として、ボブ・ディランの『風に吹かれて』をイメージし、「ディラン効果」とも呼ばれることもあるらしい。

獲得的セルフ・ハンディキャッピング

追い込まれるほど他のことをしてしまう

明日は大事なテストなのに、そんなときに限ってお気に入りのマンガを全巻読破したくなったり、部屋の模様替えを始めたり。

「大事な用事があるとき、つい別のことをやっちゃう」ことを「獲得的セルフ・ハンディキャッピング」という。

「セルフ・ハンディキャッピング」は、その言葉通り「自分で不利な条件をつくる」ということ。心理学的には、これらの行動は「つい」ではなく、無意識的に「わざと」やっていると考えられているのだ。

例えば、テストを目前に控えたとき、悪い点を取っても落ち込まないよう、言い訳になるような行動をあらかじめ「獲得」しているのだという。

セルフ・ハンディキャッピングには、「獲得的」とは別に「主張的」もある。これは「今日は体調が悪くて」「この教科は苦手で」と、言い訳をあらかじめ自分で言うこと。

テスト前の行動、誰もが思い当たる節があるのでは？

ガルバニー電流

金属を噛むと起こるキーン！

アルミ箔をかむとキーンとしたり、金属製のスプーンを噛むとピリッとすることはないだろうか。

この正体は、異なる種類の金属が触れ合うと発生する「ガルバニー電流」と呼ばれるものだ。

口の中は唾液（だえき）で電気の伝導性が高くなっているので、電流が発生しやすいのである。

ガルバニー電流を発見したのは、18世紀後半の物理学者であるアレッサンドロ・ボルタ。同時期に活動した科学者ルイージ・ガルバーニの名からこの名前をつけた。ガルバーニが生物内で電気が発生し、それによって生体の筋肉組織が収縮・痙攣（けいれん）することを発見していたからである。

ガルバーニとボルタは違った理論を持ち、論争になることも多かったようだが、一方で両者尊敬し合っていた仲だったという。

ドッグイア

形が犬の耳に似ていることから

本や資料を読むとき、手元に付箋（ふせん）やしおりがない場合、本の角を三角に折っておく。これにもちゃんとした名称があるのを、ご存じだろうか。

折れた本の角っこを犬の耳になぞらえて「dog（犬）」＋「ear（耳）」で「ドッグイア」と呼ばれている。

ちなみに、よく似た響きで「ドッグイヤー」という言葉もある。

こちらは「dog（犬）」＋「year（年）」で、犬は人間の約7〜8倍の速さで成長することから、「IT産業における変化のスピードが速い」ことを意味する。

スタンダールシンドローム

芸術鑑賞をすると急に具合が悪くなる？

教会や美術館に行くと、なぜかめまいや頭痛、吐き気を感じる。これは「スタンダールシンドローム」と呼ばれるが、語源は、まさにフランスの作家スタンダールが、その症状にあったことから。

スタンダールも、イタリアでフィレンツェの聖堂で絵画を鑑賞していたときに、突然めまいと動悸（どうき）に襲われたという。

このエピソードから、１９７９年にイ

タリアの心理学者グラツィエラ・マゲリーニが命名した。

原因は、美しさに感動するあまり……というわけではなく、頭を後ろにそらし、建造物や作品を見るときの姿勢にあるという。

長い時間上を向くことで椎骨動脈が圧迫され、脳が一時的に虚血状態になり、めまいや頭痛が起きてしまうのだ。

眼前暗黒感

立ちくらみの正式な名前

「眼前暗黒感」とは、簡単に言うと「立ちくらみ」のこと。

「立ち上がった瞬間にクラクラする」「意識が遠のいていく感じ」「長時間立っていると眼の前が暗くなる」という感覚をこう表現するのだ。

めまいには3種類あり、その一つがこの眼前暗黒感である。

その他には自分自身がグルグル回っていたり、周りの景色が回るような感じを受ける「回転性めまい」と、フワフワと宙に浮いたような感覚になる「浮遊感、動揺感」といった症状がある。

ネーザル・サイクル

鼻詰まりが左右交互に起こる現象

鼻が詰まってツラいとき、ふと「あれ？さっきまで右が詰まっていたのに、今度は左が詰まってる」と不思議に思うことがある。

これは「ネーザル・サイクル（鼻サイクル）」と呼ばれる現象である。

鼻呼吸は、毎回左右の穴で均等に息を吸っているわけではなく、身体がさほど酸素を必要としていない場合には、実は一方の鼻は休んでいて、約2～3時間ごとに使う側と休む側が入れ替わっているのだ。

つまり、片方の鼻が詰まっても、しばらくして詰まりが逆転すれば、サイクルはうまくいっている証拠なのである。

ハイウェイ・ヒプノーシス

高速道路で睡魔に襲われるわけ

昼間、高速道路を走行しているときに、よく眠気を催してしまうことがある。これは「ハイウェイ・ヒプノーシス」と呼ばれる現象だ。日本語では「高速道路催眠現象」という。

なぜ高速道路走行時に眠気が起きるのか？　それは、高速道路は速度が出せるようにカーブが少なく信号機もついていないので、ハンドルやブレーキなどの操作をする機会が少ないからだ。

変化のない道路を淡々と走行すると、運転者の意識レベルは低下する。これが眠気を呼び、事故につながってしまうのである。

車の中に眠気覚まし用のガムなどを常備しておくなど、予防対策をとっておくといいだろう。

トボガン

ペンギンの腹這い滑り

ネイチャー系の番組や動画では愛らしいペンギンの歩行が、よく見られる。

彼らはよちよち歩きをしているだけではなく、たまに氷の上を腹這(はらば)いになって滑(すべ)るシーンも見られる。

この移動法は「トボガン」と呼ばれている。

「トボガン」とはカナダの先住民の一部が使っていた、小型の木ソリの名が由来。確かに氷の上を腹這いで滑るペンギンの姿は、白黒でペイントされたそりにも見える。

この移動方法は、ペンギンが体力を温存するために行なっているという。

グース・ステップ

足をピンと伸ばして歩く軍隊の行進

「グース・ステップ」とはその名の通り、グース（ガチョウ）のような足さばきのことを指す。

わかりやすい例が軍隊の行進だ。膝(ひざ)を曲げず、まっすぐに脚を伸ばし高く上げる歩き方が、ガチョウが歩く姿を連想させる。

ただ、このステップは北朝鮮の行進や、ナチスの行進というイメージが強烈すぎて、軍隊の厳しい規律や訓練を連想させるため、あまりポジティブな印象を持たれないかもしれない。

カワイイ名前に反し、その国が権威主義であるイメージとも結びつくのである。そのせいか、今ではこの足さばきや行進を禁止する国もある。

ドラミング

「ゴリラの胸叩き」の意外な効果とは

ゴリラの定番の動きといえば、2足で立ち上がり、拳で胸を叩くあのポーズ。この行動は、自分の胸をドラムのように叩いているように見えるので「ドラミング」と呼ぶ。

ただ、アニメやイラストにあるように、握り拳では叩いていない。ボンゴのように、手のひらで叩いているのだ。そのほうがいい音が鳴るためである。

さて、この「ドラミング」は攻撃の前触れとされてきたが、実は最近の研究で新たなことがわかってきている。

ドラミングは決して攻撃の前触れではなく、むしろ自分のパワーを示し「戦わずに済むよう、相手に提案している」のだそうだ。

ブラキエーション

テナガザルの移動方法

動物園でテナガザルなどが、その長い手を活かして、ブラーン、ブラーンとぶら下がりながらはしごを移動していく動きは子どもたちにも大人気だ。

この動きは「ブラキエーション」と呼ばれている。語源はラテンで「腕」を意味する「ブラッキウム（bracchium）」からきている。

チンパンジーやテナガザルは、この移動方法をよく取る。下肢に比べて上肢が発達しているので楽というのが理由のようだ。

ペダンクルスラップ

雄クジラの行なう威嚇行為

大迫力のホエールウォッチング。その中でも滅多に見ることができないといわれているのが「ペダンクルスラップ」だ。「ペダンクル」とはクジラの「尾柄部(びへいぶ)(Caudal Pedunecle)」のことで、「スラップ(Slap)」は英語で「(平手で)打つ」という意味。つまり、クジラが尾など下半身を海面に叩きつける行動のことだ。

これは雄クジラが雌クジラを奪い合う時、互いを威嚇(いかく)するときにするもの。

尾ひれを上下に運動させる「ルスラップ」という動きもあるが、これに左右の動きがプラスされるぶん、見応えがある。

4章 有名な人・モノ・動物の名に隠された仰天の話

◆例えば「三島由紀夫」という筆名は、あの駅から!

ピカソの本名は93文字もあった！

世界で最も有名な画家の1人、パブロ・ピカソ。「キュビズム」という画法の創始者として知られている。そして、ピカソがもう一つ有名なのが、本名が長〜い！　ということだ。

「パブロ・ディエーゴ・ホセ・フランシスコ・デ・パウラ・ホアン・ネポムセーノ・マリーア・デ・ロス・レメディオス・クリスピーン・クリスピアーノ・デ・ラ・サンティシマ・トリニダード・ルイス・イ・ピカソ」とトータルで93文字。

キリスト教の洗礼名、聖人の名前、スペインで有名な画家の名前、祖父の名前、イエズス会の伝道施設の名前とさまざまな名称が組み込まれ、ここまでの長さに。ピカソ自身も自分の本名をすべて覚えられなかったようだ。

ただ、ピカソの出身地であるアンダルシア地方では、「名前は長いほど幸福が宿る」と伝えられており、このくらいの長さの名前を持つ人は多いという。

その本名からして神に愛されていたモーツァルト

天才音楽家として名を馳せた、オーストリアの作曲家モーツァルト。彼の本名は「ヨハネス・クリュソストムス・ウォルフガングス・テオフィルス・モーツァルト」という。

この中の「テオフィルス」はギリシャ語で「神に愛される」を意味する。まさに、モーツァルトの才能を表した名前である。

モーツァルトはこの「テオフィルス」をラテン語で意訳した「アマデウス」を通称としていた。

今では映画『アマデウス』などで、モーツァルトの通称として一般認知されているが、モーツァルトが活躍した時代はイタリアの音楽家がもてはやされており、「アマデウス」をイタリア語風にアレンジした「アマデーオ」を主に使っていたという説もある。

三島由紀夫の名字の由来は三島駅だって？

美意識の高い文章と生き方で、今なお多くの人々の心を摑んで離さない三島由紀夫。

1968年には、川端康成と同時にノーベル文学賞の候補にも挙がっている。そんな彼の本名は平岡公威という。

ペンネームの名づけ親は、彼の中等科時代の恩師であり、同人誌『文藝文化』の編集者であった清水文雄。三島が書いた短編『花盛りの森』を掲載する際、彼の家庭の事情や、これから起こるであろう世間の賛否などを考慮し、ペンネームをつけることを勧めたのだ。

清水は編集会議に行く途中、静岡県三島市の三島駅を通過したことから「三島」という姓をつけた。

「由紀夫」は、万葉風の名前に憧れてつけた三島本人の案である由紀雄を、清水が1字修正。三島由紀夫としたのだった。

司馬遼太郎の名は司馬遷へのリスペクトから生まれた

日本の歴史の変革期を舞台に、多数の歴史小説を執筆した作家、司馬遼太郎。『竜馬がゆく』『坂の上の雲』などが有名で、その歴史解釈は「司馬史観」と呼ばれ、熱烈なファンも多い。

さて、その司馬遼太郎の本名は福田定一。司馬遼太郎というペンネームは、彼が敬愛する中国前漢時代の歴史家で『史記』を執筆した司馬遷へのリスペクトからきているのだ。

「司馬遷には遼に及ばないが、歴史の語り手であろうとする日本の男」という意味を込めてつけられたのだとか。

司馬遼太郎のペンネームは、1956年の処女作『ペルシャの幻術師』で初めて使用した。そして、この作品は見事、「第8回講談倶楽部賞」に輝いている。

正岡子規は夏目漱石に自分のペンネームをあげていた!

正岡子規の本名は正岡常規。とにかく多くのペンネームを使用していることでも有名で、その数は何と54個もあったという。

「處之助」「升」「子規」「獺祭書屋主人」「竹ノ里人」などがあり、子規というペンネームを使い出したのは21歳の頃から。病弱だった彼は、肺結核で喀血してしまったのだ。

このときの自分の様子と、口の中が赤く鳴いて血を吐くといわれるホトトギスに例え、ホトトギスの漢字表記「子規」をペンネームに使用したという。

ちなみに、正岡子規は夏目漱石と仲が良く、夏目漱石の「漱石」は、もともと正岡子規のペンネームの一つで、それを彼に譲ったものだ。

二葉亭四迷の「くたばってしまえ」は自らが放った言葉だった

日本の近代文学の祖といわれる明治時代の作家、二葉亭四迷。本名は長谷川辰之助という。彼のペンネームの由来は有名で、文学を認めない父親に「くたばってしまえ」と罵られ、これを「ふたばていしめい」にもじったというのが定説だった。しかしこれは流説であり、二葉亭四迷の回顧録に「自ら名づけた」ことが記されている。

彼が『浮雲』を書いたときは全く知名度がなく、当時懇意にしていた作家、坪内逍遥の本名、坪内雄蔵を借りてやっと書店に置いてもらえる状態であった。しかし辰之助は「これは詐欺だ」と自分のふがいなさを責め、己に「くたばってしまえ！」という言葉を放った。

これに漢字を当て、できたのが二葉亭

朝日新聞特派員として
ロシアに赴任した、二葉亭四迷

四迷。ペンネームは『浮雲』のはしがきで初めて使われた。

江戸川乱歩はランポウ＝藍峯と最初は名乗っていた！

明智小五郎シリーズなどで有名な、日本を代表する推理小説作家、江戸川乱歩。本名は平井太郎で、ペンネームは『モルグ街の殺人』などで有名なアメリカの恐怖作家、エドガー・アラン・ポーをもじったものというのは、有名な話である。

ただデビュー前は、乱歩ではなく「藍峯」だった。この字面が「漢詩人のようで古めかしい」と、本人もいまいち気に入っていなかったという。

1922年、デビュー作となる『二銭銅貨』と『一枚の切符』を投稿する際、乱歩に改名したとされる。

ちなみに乱歩は太平洋戦争時、探偵小説が執筆不可能になった際、小松龍之介という別のペンネームを作り「智恵の一太郎シリーズ」という子ども向けの読み物を連載している。

永井荷風の名は恋した女性の名前にちなむ

『濹東綺譚』『つゆのあとさき』などの耽美小説で知られる永井荷風。芸者遊びに没頭し、「色の道」を極めた私生活を送ったといわれるが、ペンネームの由来は意外にもピュアだ。

彼の本名は永井壮吉。壮吉は尋常中学の頃、結核で長期療養をすることになってしまう。

その際、下谷の帝国大学第二病院に入院し、そこでお蓮という名の看護婦に恋心を抱いてしまった。そこで、俳句の世界で「蓮」と同じ「はす」の意味を持つ「荷」という漢字を使い、荷風というペンネームにした。

そして退院した記念に書いた小説に、この「荷風」を使ったという

夢野久作は父親の発した一言からこの名をつけた

日本探偵小説三大奇書の一つに数えられる『ドグラ・マグラ』。その著者として知られる夢野久作の本名は杉山泰道。

エロティックでホラー色の強い作風というイメージが強いが、探偵作家としてデビューする前、地元の新聞などに童話を執筆している。その際のペンネームは「海若藍平」「香倶土三鳥」「杉山萠圓」などだった。

これらの小説を読んだ父が「夢の久作の書いたごたる小説じゃね」と、彼の作品を評した。この「夢の久作」は、福岡地方の方言で「夢想家、夢ばかり見る変人」という意味だ。

この一言をきっかけに、夢野久作というペンネームを思いつき、38歳のときこの名で探偵小説賞に応募。そこで『あやかしの鼓』が2等当選となり、本格的に作家活動の道が開けたのだった。

樋口一葉という名前は自分の境遇をたとえたペンネーム

『たけくらべ』や『にごりえ』という小

説で知られる明治時代の女流作家、樋口一葉。

その生涯は24年と短く、常に苦労と隣り合わせのものだった。そして、それがペンネームの由来になっているのだ。

樋口一葉の本名は樋口奈津。1872年、東京の官吏の家に生まれ、幼少期こそ裕福に過ごした。ところが17歳のとき、父親が副業に失敗。借金を作り病死したことで人生が一変し、金銭的に苦労する毎日となったのである。

ある日、奈津はそんな自分の人生を、達磨が一葉の葦舟に乗って長江を渡る絵を例えにし、「私にもお足（銭）がない」と友人に語ったという。

ここから「一葉」とついたという。一葉と名乗る前は、「浅香のぬま子」「春日野しか子」というペンネームで発表した作品もある。

山本周五郎は支援してくれた質屋の店主の名前だった！

時代小説作家の代表格で、その名前は賞にもなっている山本周五郎。『樅ノ木は残った』『さぶ』が代表作として知られている。

彼の本名は清水三十六。筆名は、彼が小学校卒業後、丁稚奉公に出た質屋「山本周五郎商店」の店主の名前なのである。

三十六はこの主人にとてもかわいがられ、文壇で自立するまで物心両面にわたり支援を受けたという。その感謝の意味を込めて、名前をそのままペンネームにしたのだ。

山本周五郎もさまざまなペンネームを持っていることで知られており、その中には「風々亭一迷（夫婦ゥテ言ッチメエ）」、「折箸蘭亭（俺ハ知ランテー）」という、ダジャレのようなものもある。

国木田独歩の名は「別れた妻との決別」を表していた

『武蔵野』などの代表作で知られる小説家、国木田独歩（くにきだどっぽ）。彼の本名は国木田哲夫（てつお）である。

「独歩」という特徴のあるペンネームは「離婚」が関係している。

哲夫は、大恋愛の末に結婚した最愛の妻、信子（のぶこ）と離婚。長らくその失意から抜け出せないでいた。しかし、孤独の中を独りで歩いていく決意をし、自らに「独歩」とつけることで、再出発の区切りとしたという。

また、中国南宋（なんそう）時代の仏教書『無門関（むもんかん）』に出てくる漢詩の一説から取ったという説もある。

国木田は他にも、孤島生、鏡面生、鉄斧生、九天生、田舎漢、独歩吟客、独歩生など、多くの筆名を持っている。また、編集者としても有能で、現在もある『婦（ふ）

編集者としても有能だった
国木田独歩

人画報』（ハースト婦人画報社）の創刊者としても知られている。

泉鏡花のデビュー時のペンネームは「畠芋之助」だった！

『高野聖』など、幻想的な作品を多く残した泉鏡花。その浪漫主義的な作風にピッタリな名前だが、デビュー作となった『冠彌左衛門』では、なんと「畠芋之助」という素朴すぎるペンネームを使っているのだ。

本名は泉鏡太郎。「鏡花」という美しい名前は、師匠の尾崎紅葉が命名したという説があるが、実は鏡太郎が畠芋之助の他に、自ら考えていたいくつかのペンネームの一つだったようだ。その中には「白水楼」というものもあった。

鏡太郎の母親は能楽師、中田万三郎豊喜の娘だった。鏡花は本名の「鏡」と、母親の血筋の「能楽師」から、世阿弥の著書などで見られる言葉「花」と組み合わせたという説もある。

島崎藤村の名は失恋から生まれたものだった

『破戒』『夜明け前』などで知られる作家、島崎藤村。まるで名字が二つくっついたようなこの名前はペンネームで、本名は島崎春樹。

彼もいくつも筆名を持っており、少年時代の署名も合わせると「真人」「n・n」「島の春」「古藤庵無声」「古藤庵」「藤生」などがある。

藤村もそうだが、「藤」の字が多いこ

とに気づく。この由来については、彼が生前答えた雑誌のアンケートに「松尾芭蕉の藤の花の句から思いついた」旨を答える記述が残っている。それが「草臥れて宿かる頃や藤の花」という句である。

しかもこの句は、明治女学校で英語の教師をしていた時、教え子の佐藤輔子との恋に破れ、傷心旅行に出かけたときに頭をよぎったものだというのだ。

つまり「藤村」の名は失恋から生まれたもの。1894年2月、『文学界』14号に寄せた『野末ものがたり』で、藤村というペンネームを初めて使っている。

北原白秋は中学時代のくじ引きでたまたま決まったペンネーム!

『この道』など、音楽の教科書でもおなじみの詩人、北原白秋。本名は北原隆吉という。「白秋」という名前は美しいが、これは中学校時代から名乗っていたそうなのだ。

ならばよほど思い入れがあるのだろうと思いきや、実は「くじ引き」で決まった名前だという。

福岡県の伝習館中学に通っていた隆吉は、友人と共に同人誌を発行することになった。その際、全員ペンネームで書こうと盛り上がったのだ。このときペンネームには必ず「白」という字を入れるという条件にしたうえで、くじを作ったのである。

名前の候補は「白秋」「白雨」「白蝶」「白川」「白葉」「白月」があり、たまたま隆吉に「白秋」が当たったのだった。

石川啄木の名の由来は、故郷にキツツキがたくさんいたことから

23歳という短い生涯のなかで、『一握の砂』などの名作を残した石川啄木。小さい頃「啄木」を「ブタキ」など間違えて読んだ覚えがある人もいるかもしれない。しかし「啄木」は「キツツキ（啄木鳥）」が由来である。故郷の盛岡にはキツツキがたくさんいたので、このペンネームをつけたという。

啄木の本名は石川一。幼少期の頃から神童として名を馳せ、15歳のときに『岩手日報』に短歌を発表しているが、このときのペンネームは翠江だ。

その後、麦羊子、白蘋と筆名を変え、17歳で文芸誌『明星』でデビュー。そのときの詩が『啄木鳥』で、ここで初めて石川啄木を使っている。

早くからその才能で
名を馳せていた石川啄木

堺屋太一は作家になる前からこのペンネームを使っていた！

小説家で評論家、博覧会のプロデューサー、そして経済企画庁長官、内閣特別顧問、内閣官房参与という輝かしい経歴を持つ堺屋太一。

その小説を読んだことがなくとも、「団塊の世代」という言葉はご存じだろう。これは堺屋が１９７６年に発表した小説『団塊の世代』から広まった言葉である。

本名は池口小太郎。堺屋太一というペンネームは、彼のご先祖様の名前をいただいたのだとか。

ルーツは安土桃山時代、堺で貿易をしていた豪商「堺屋」で、彼はその14代目に当たる。そこで屋号の堺屋を名字にし、名前の「小太郎」から一字とって太一とつけたのだった。

作家になる前、１９６０年に通産省に入社した時代からこの名前を使っているというのだから、よほど愛着があったのだろう。

阿佐田哲也という名は「朝だ！ 徹夜だ！」と叫んだことが由来

『麻雀放浪記』など、ギャンブルを主題とした小説を数多く書いた阿佐田哲也。実はこの阿佐田哲也は、『狂人日記』などで知られる色川武大の別名である。

彼は作家になる前は雑誌の編集者で、藤原審爾や山田風太郎を担当していた。この頃からすでに大の麻雀好きで、やはり麻雀好きだった藤原のサロンに出向いては、徹夜で麻雀をすることも多かったという。

そんなある日、「朝だ！ 徹夜だ！」と叫んだ。それに当時住んでいた「阿佐ヶ谷」の字を当てて、このペンネームができあがったのだ。

野口英世は坪内逍遥のせいで本名を捨てるはめに

黄熱病や梅毒の研究で知られる、細菌学者の野口英世。千円札の肖像画でもおなじみだ。

実はこの「野口英世」、改名後の名であることはご存じだろうか。親からつけてもらった名前は清作。しかし21歳のとき、転機が訪れる。当時坪内逍遥の小説『当世書生気質』がベストセラーになったのだが、そこに登場する野々口精作という医学生が、彼をモデルにしたかのような性格。良いほうに似ていればよかったのだが、放蕩三昧で酒と女にだらしない自堕落な性格がソックリだったのだ。

そこで野口は彼の恩師の小林栄に相談し、多くの人を巻き込んで改名に奔走。恩師である小林家代々の「英」の字をつけ英世としたのである。

千利休という名は死後に一般的になった名前だった?!

侘び茶を確立し「茶聖」とも称される千利休の本名は田中与四郎。茶の湯を17歳で始め、19歳で宗易の号を受ける。その後、祖父の千阿弥から一字取り千宗易を名乗ることになった。

利休の名は64歳のとき、豊臣秀吉が関白就任の返礼として、天皇に自ら茶を点てた「禁裏茶会」を仕切り、その際天皇から賜わったものである。

ただ、利休の死の直前まで交流があった一番弟子の山上宗二が記した『山上宗二記』には、利休の名を田中宗易と記述している。

生前「千利休」と呼ばれることはほぼなく、この名は彼の死後に広まったという見方が強い。

紫式部の名は『源氏物語』からとられていた呼称

平安時代で活躍した女流作家といえば紫式部と清少納言だろう。清少納言の本名は清原諾子、紫式部の本名は藤原香子と伝えられているが、確かな根拠はない。

というのも、当時の女性は家系図などに名前が明記されなかった。また、下の名前は「忌み名」と呼ばれ、口に出さない風習があった。実名を知っているのは両親と、将来を共にする男性だけだったという。

そこで、宮中づとめをする女性たちは、父親もしくは夫の役職と名字の一字を合わせて呼ばれていたのである。

紫式部は父親の藤原為時の「藤」を取り、藤式部というのが正式な呼び名。だが、『源氏物語』の執筆者として有名になり、ヒロインの「紫の上」から「紫式部」と呼ばれるようになったという。

葛飾北斎は5年しか使われなかった雅号だった！

日本のみならず、世界でもその名をとどろかせている江戸時代後期の浮世絵師、葛飾北斎。90歳と非常に長生きをし、しかも生涯現役。それゆえ、遺っている作品数も3万点と膨大だ。風景画に人物画、春画、妖怪図、漫画などなどジャンルも幅広い。

北斎は年齢やジャンルに合わせ、雅号も改名しており、その回数はなんと約30回に及んだという。葛飾北斎という名は1805〜10年、つまり45歳からたった5年の間しか使っていない。

19歳で初作品を描いたときの雅号は、師匠である勝川春章の一字を貰って春朗。その後「群馬亭」「宗理」「百琳」「雷斗」「戴斗」「不染居」「錦袋舎」「為一」など改名し、中には「月痴老人」「鉄棒ぬらぬら」「画狂老人」「卍」など、とんでもないものも混じっていた。

そんな改名ばかりしていた葛飾北斎の本名は川村鉄蔵である。

ルイス・キャロルは言葉遊びで作った名前

『不思議の国のアリス』で知られる作家、ルイス・キャロル。

とても美しい名前だが、実はこれはペンネーム。本名はチャールズ・ラトウィッジ・ドドソンという。

ペンネームは「チャールズ・ラトウィッジ(Charles Lutwidge)」という本名の英語を、ラテン語風の「Carolus Ludovicus」に変換。これをアナグラムにしてできたのが「Lewis Carroll＝ルイス・キャロル」。アリスの物語でも見られる「言葉遊び」が、こんなところにも発揮されていたのだ。

さらに、『不思議の国のアリス』で、キ

ャロルが自身を投影させたキャラクターが「ドードー鳥」。本名の、多くの人が発音しにくいラストネーム「ドドソン」と掛け、「的外れなことを言う愚図な鳥」として登場させたという。

スターリンという名前はたくさんある偽名の中の一つ!

ソ連共産党の初代書記長であり、「赤い皇帝」とも呼ばれたスターリン。ヒトラーと並ぶ独裁者として有名だ。

ヨシフ・スターリンという名前で記述されることが多いが、実はスターリンは偽名。本名はヨシフ・ヴィサリオノヴィチ・ジュガシヴィリ。スターリンの他にも、ダヴィド、イワノフ、ワシーリ、コーバーなど30もの偽名を持ち、警察の目をかく乱したとされる。

1913年に著作『マルクス主義と民族問題』でスターリンという名を初めて使い、共産党内で定着したため、このまま名乗り続けたようだ。

スターリンの由来は、「鋼」を意味するという説が有力だが、スターリンは生前、このペンネームにした理由を明らかにされるのを恐れていたと分析する歴史家も

警察の目をくらますため
偽名を多用したスターリン

いる。

もしかしてこの名に何か、大きな秘密が隠れているのかもしれない。

マーク・トウェインは蒸気船の水先案内人の掛け声から

『トム・ソーヤの冒険』や『ハックルベリー・フィンの冒険』で有名なマーク・トウェイン。彼もまさにトム・ソーヤと同じく、アメリカのミズーリ州で生まれ、ミシシッピの河畔で青春時代を過ごした。その体験が冒険小説に生きているのだ。

トウェインは小説家として活躍する前、ミシシッピ川の蒸気船水先案内人を経験している。

水先案内人には、蒸気船が座礁せず安全に通航できる限界の浅さ「2ファゾム（約3・6メートル）」を測深手に合図する仕事があった。その掛け声が「マーク・トウェイン」。これがペンネームになったのは有名な話だ。

本名はサミュエル・ラングホーン・クレメンズという。

それまでもトウェインは、ジョッシュやトーマス・ジェファーソン・スノッドグラスなど、何度か名を変えて新聞に投稿していた。1863年『カーソンシティからの手紙』という紀行文で、初めてマーク・トウェインを使っている。

ルイ・ジュリアンの本名はとてつもなく長い…

フランスの指揮者、ルイ・アントワーヌ・ジュリアン。イングランドでは長きに渡り親しまれた音楽家だが、彼が有名な理由の一つが長い本名である。

「ルイ・ジョージ・モーリス・アドルフ・ロシュ・アルバート・アベル　アントニオ・アレクサンドル・ノエル　ジャン・ルシアン・ダニエル・ウジェーヌ・ジョセフ＝ル＝ブラン・ジョセフ＝バレム・トーマス・トーマス・トーマス＝トーマス・ピエール・アーボン・ピエール＝モーレル・バルテレミ・アルトリス・アルフォンス・ベルトランデュ・トネ・エマヌエル・ジョス・ヴィンセント・リュック・ミシェル・ジュール＝ド＝ラ＝プレーンジュール＝バジンフリオ・セザールジュリアン」

「トーマス」が四つも入っているなど、なかなか挑戦的な名前だが、本人も絶対自分の名前を通して言えなかったに違いない。

ベーブ・ルースのベーブは赤ちゃんからきていた?!

野球好きの人にとっては、まさに「神様」ともいえる大リーガー、ベーブ・ルース。長年ニューヨークヤンキースの名投手であり、三番打者としても活躍した元祖二刀流。多くの記録を残した人物でもある。

彼の本名は「ジョージ・ハーマン・ルース・ジュニア」。しかし今では愛称の「ベーブ」が本名よりも知られている。

この「ベーブ」は、赤ちゃんを意味する「ベイビー」をもじったものだ。その由来は、1913年、彼を発掘したボルチモア・オリオールズのオーナーで監督のジャック・ダンが、自分の子どものように可愛がったことからくるという。

さらに、彼が矯正学校での生活が長かったことから世間を知らず、子どものような性格だったこと。そしてなにより、赤ちゃんのような童顔であることが「ベーブ」と呼ばれる原因となったようだ。

ニックネームも、イタリア語で赤ちゃんを意味する「バンビーノ」と呼ばれていた。

シャープペンは省略された名称だった

筆記用具として、多くの人が1本は持っているであろう「シャープペンシル」。

実は、この「シャープペンシル」は正式名称ではない。

シャープペンシルが初めて考案されたのは、1830年のアメリカ。第1号の商品名は「いつも尖(とが)っている」という意味で「エバーシャープ」と名づけられた。

日本で作られた第一号は大正時代の初めで、これは「エバー・レディー・シャープペンシル」という商品名で販売されヒットした。今では略され、「シャープペンシル」と呼ばれるようになったのだ。

ちなみに、英語では「芯を出す機械仕掛けの鉛筆」という意味で「メカニカル・ペンシル」と呼ばれている。

トランプという言葉は日本でしか通用しない?

日本でカードゲームといえば「トラン

プ」だろう。小さい子どもからシニアまで誰でも楽しめるもので、世界でも愛されている。

ただ、冒頭に「日本で」とつけたのには理由がある。実は「トランプ」という名前で通用するのは、日本に限られている。正式には「プレーイング・カード」という名前なのだ。

現在、日本で使われている形式のトランプが日本に入ってきたのは、明治初期。欧米から伝わり大流行したが、ゲームの途中、欧米人が「トランプ!(切り札)」と言ったのを、ゲーム名と勘違いし、このまま定着したという説が有力である。

したがって、海外に行って「トランプで遊ぼう!」と言っても通用しないのでご注意を。

ハロウィンのカボチャの正式名称に秘められた怖～い話

近年、若者たちの間で盛り上がるイベントの一つ「ハロウィン」。その象徴が、目鼻をくりぬいたカボチャだ。

悪魔除(よ)けになるとされ、「ジャック・オー・ランタン」というかわいい名前がついているが、その由来となったアイルランド伝説「酔っ払いジャック」はかなり悲惨(ひさん)だ。

ジャックは素行(そこう)が悪く、悪魔まで騙(だま)したため、死後、地獄に入ることすら許されなかった。魂になったジャックはカブをくり抜き、悪魔からもらった石炭を中に入れて灯りを作り、さまよい続けたという。

19世紀中頃、アイルランド人が大量にアメリカに移住した時代、この「ジャック・オー・ランタン」の逸話とカブをくり抜いて飾る風習が伝わったが、アメリカではカブがあまり収穫されないので、カボチャが代用され、そのまま定着したという。

ピアノの正式名称は「強音も弱音も出せるチェンバロ」

今のピアノが誕生したのは、1700年頃のイタリアだ。

クリストフォリという人物が、チェンバロの改良版で、爪の代わりにハンマーを仕掛け、弦を打って鳴らすメカニズムを備えた楽器を発明した。

その名称は「クラヴィチェンバロ・コル・ピアノ・エ・フォルテ」。意味は「弱音も強音も出せるチェンバロ」である。

これが改良に改良を重ね、名前も略されたのが「ピアノ」である。つまり、ピアノの語源は「弱い音」を表す「ピアノ」なのである。略され方が違えば、あの鍵盤楽器は「フォルテ」になっていたかもしれない。

よだれかけの通称であるスタイは英語ではない

赤ちゃんのよだれや食べこぼしをキャッチするための「よだれかけ」。小さな胸当てで、赤ちゃん用品店では「スタイ」という名で販売されていることが多い。

これは「よだれかけ」の英語読みと思いきや、英語でよだれかけは「ビブ(Bib)」。「スタイ（Sty）」は、「ものもらい」もしくは「豚小屋」を意味するというのだ。

実は、日本でよだれかけを「スタイ」と呼ぶのが定着したのは1992年頃のこと。スウェーデンの大手ベビー用品メーカー・ベイビービョルン社が、「スタイ」という商品名のプラスチック製よだれかけを販売したところ、これが日本で大ヒットする。

これがそのまま広くよだれかけの呼び名として使われるようになったのだ。従って、アメリカで「スタイ」と言っても「よだれかけ」の意味では伝わらないので注意しよう。

ゴリラの学術名は「ゴリラゴリラ」

動物園で人気者のゴリラ。私たちヒトは「ホモサピエンス」というように、ゴリラにも正式名称がある。それは「ゴリラゴリラ」。

決して間違えて2度「ゴリラ」と入力してしまったのではなく、「ゴリラ科ゴリラ属」という意味の学名なのだ。

さらに、現在生息している4種類のゴリラの中で一番数が多い「ニシローランドゴリラ」の学名は、何と「ゴリラゴリラゴリラ」。3回連続でゴリラというのである。

ちなみに、ゴリラといえば「マウンテ

ンゴリラ」が日本ではよく知られているが、その知名度の高さとは裏腹に、アフリカ中央部に650頭ほどいるのみで、動物園には1匹もいない希少種なのだ。

車のマフラーの出口にはちゃんとした名前があるって?!

自動車の後端部や側面にある、排気が出るマフラーパイプの出口。これは「エキゾーストエンド」と呼ばれている。ボンネットからマフラーが飛び出している場合もこう呼ばれる。

「エキゾースト」とは排気の意味。排気ガスを出すパーツで、唯一(ゆいいつ)外から見えるものなので、オシャレで機能的なデザインも多く売られている。

マフラー音にこだわる飛ばし屋は、このあたりをいじり、お好みのサウンドに仕上げるのだ。近年エコ化が進む最新自動車や高級車では、このエキゾーストエンドを内側に隠す仕様になっているものもある。

北極星は「同じ星」を指しているわけではなかった!

北極星は、その名の如く、常に真北に輝く星。古来、多くの旅人がそれを目印として道を進めてきた、とても重要な存在だ。

正式名称はこぐま座アルファ星「ポラリス」。ポラリスはラテン語で「極の」を意味する。

また、北極星はずっと同じ星が同じ場所で光り輝いているように見えるが、実は交代制なのだ。地球は「歳差運動（さいさうんどう）」により、自転軸を中心にして角度を変えている。自転軸から延長線を延ばし、真北に輝く星も変わるのである。

現在は、ポラリスが北極星の役割をしているが、約5000年前はりゅう座のアルファ星「トゥバン」という星だった。ポラリスから次の交代は約12000年後。新北極星は、こと座のアルファ星「ベガ」とされる。

つまり、ポラリスがポラリスでなくなる日がくるのである。まだ気が遠くなるほど先の話ではあるが。

モヒカンはこのヘアスタイルをしていた先住民族の名が由来

パンクな魂を感じるナンバーワン・ヘアスタイルといえば、モヒカンだろう。頭部の左右を丸刈り、あるいは剃髪（ていはつ）して中央部分の髪だけを残し、立ち上げるスタイルだ。

分かりやすい例えを挙げれば、ニワトリのトサカ、もしくは扇子（せんす）。このヘアスタイルの正式名称は「モホーク刈り」という。

北アメリカの先住民族モホーク族が戦闘の際にしていたことからとされる。モホーク族は矢を射るときに、髪の毛が引っかからないよう、左右の横髪を剃（そ）り上げたのだ。

1970年代後半から80年代には、イギリスのパンクファッション到来で、派手なカラーリングを施（ほどこ）したモヒカンが流行。日本では2000年代、イングランドのサッカー選手、ベッカム氏の人気により、髪が短めのソフトモヒカンが流行した。

海ブドウの学名は「くびれのあるツタ」

「クビレズタ」と聞いて、何のことかすぐおわかりだろうか。実はこれ、海ブドウの学名である。

イワズタ科イワズタ属に属する海藻（かいそう）で「くびれのあるツタ」という意味。漢字で「括れ蔦」と書き、2000年までは「クビレヅタ」の表記だったが、「クビレ〝ズ〟タ」に改められた経緯がある。

海ブドウというのは食材としての名で、先端が球状になっている形がブドウに似ているから。確かに、小さな小さなマスカットという感じである。

プチプチとした食感が人気だが、ビタミンやカルシウムなど、ミネラルも豊富で栄養価も抜群だ。

一部では「グリーンキャビア」という呼び方もされている。

消火器という名は略称だって知ってた？

マンションやビルの端に置いてある「もしもの火災のときのため」の消火器。特におなじみなのが、あらゆる原因の出火に、優れた消火能力を発揮する粉末タイプである。この消火器は正式名称があり「加圧式ABC粉末消火器」という。「加圧式」と「粉末」の間にある「ABC」は、火災の種別である。

「A火災」は普通火災の意味で、木材、紙、繊維、ゴム、樹脂などが燃える火災。「B火災」は油の火災で、ガソリン、てんぷら油などによる火災。「C火災」は通電中のコンセントなど、電気設備が原因の火災だ。

「ABC粉末消火器」はこれらに対応している、一般的な消火器という意味なのである。

金閣寺・銀閣寺と呼ばれるようになったわけとは？

京都にある寺院の中でも知名度が高い「金閣寺」と「銀閣寺」。「金閣寺」は純金の箔が貼ってあることからそう呼ばれているが、「銀閣寺」は銀色でも、銀箔が貼ってあるわけでもない。それでも「銀閣寺」と呼ばれる理由は諸説あり、一つは「銀箔を貼る予定だったが、着工した1480年は応仁の乱の直後で、幕府の財政状態が悪く、資金が調達できなかった」というもの。

また、見ようによっては銀に見えなくもないので、金閣寺と比較する意味も込めて「銀閣寺」と呼ばれるようになった、という少々な強引な説まである。

だが、そもそも金閣寺も銀閣寺も正式名称ではない。正しい寺の名前は、「金閣寺」は「北山鹿苑寺」、「銀閣寺」は「東山慈照寺」である。

レーザーは正式名称の頭文字から取られていた

レーザーの発明により、世の中は大きな発展を遂げた。基盤となる論理を確立したのは、かの有名なアインシュタインだ。これが実際に製造されたのは1960年で、そこから進化して今に至る。

しかしこのレーザー、正式名称はかなり長い。「Light Amplification by Stimulated Emission of Radiation」という。

意味は「誘導放出による光増幅放射」で、これの頭文字を取り「レーザー」と呼ばれるようになったのだ。

このように、複数の単語で構成された言葉の頭文字を取り、それをつなげて一つの単語として読み直した言葉を「アクロニウム（頭字語）」という。

エアーズロックは入植した西洋人がつけた名前

世界遺産にも登録されている、オーストラリアにある巨大な1枚岩「エアーズロック」。実はこの呼び名は、後からオーストラリア大陸に入植した西洋人によってつけられたものだ。

ここを聖地とするオーストラリアの先住民である、アボリジニの人たちは古代から「ウルル」と呼んでいる。

さて、どっちが正式名称なのか？ 答

えは「どちらも」である。これは「デュアル・ネーミング」と呼ばれる方式で、公式文書では、二つの地名を「／」によって併記している。

ガイドブックや非公式サイトは「エアーズロック」と「ウルル」のどちらを使ってもいいことになっているが、現在の傾向としては、先住民であるアボリジニによる伝統的な名前である「ウルル」で表記されていることが多い。

日本の紙幣は正式には「お札」ではなく「券」

「お金」にも正式名称があることをご存じだろうか。まず、紙幣は「日本銀行券」が正式名称。

その名のとおり、日本の中央銀行である日本銀行が発行しているから、というのが由来だ。

紙幣のことをよく「お札」と呼ぶが、「一万円」も正式には「一万円〝札〟」ではなく「一万円〝券〟」である。

100円玉、500円玉のようなコインは総称では「貨幣」。それぞれ使用されている金属名が間に入った、「500円ニッケル黄銅貨幣」「100円白銅貨幣」「50円白銅貨幣」「10円青銅貨幣」「5円黄銅貨幣」「1円アルミニウム貨幣」が正式名称だ。

東京タワーという通称が不人気なのに呼ばれるようになったわけ

高さ日本一をスカイツリーに譲ったとはいえ、今もなお東京のシンボルとして愛されている「東京タワー」。２０１３年には国の登録有形文化財となっている。

ところが、実はこの「東京タワー」という呼び名は愛称で、正式名称は「日本電波塔」という。東京タワーはそもそもテレビやラジオの総合電波塔として建設されたものなのだ。

東京タワーという愛称は、一応公募から選ばれた。ただ、公募第1位は「昭和塔」で、東京タワーはわずか全体の０・26％の少数票しか得ていなかった。

ところが、審査委員長を務めていた、タレントの徳川夢声が「東京タワー」を猛プッシュしたことで、１９５８年10月13日に決定。他には「きりん塔」「アルプス塔」「宇宙塔」「プリンス塔」などがあったという。

ウーパールーパーは日本でつけられた独自の名前

１９８５年、某カップ焼きそばのCMに登場し、愛らしくも不思議な姿で一躍人気者となった「ウーパールーパー」。両生類の一種で、メキシコサンショウウオを品種改良した生き物だ。

そのかわいらしい生態にピッタリの「ウーパールーパー」という名前は、実は日本でつけられた商品名である。正式には、和名は「メキシコサラマンダー」という。

１９８０年代、日本に持ち込まれた際は「スーパールーパー」の名前で商標登録する予定だったという。しかし当時は「スーパー」と名の商標の登録申請が多かった。

そこで審査時間を短縮するため、一文字もじった「ウーパールーパー」にしたという。この名がCMで一気に広まり、そのまま定着したのだった。

パンチパーマは本当はそう呼ばれていなかった！

ちょっとコワモテの男性が好む、小さなカールを敷き詰めたヘアスタイル「パンチパーマ」。これが誕生したのは1970年代の北九州市。理容師の永沼重己氏が、黒人の髪形をヒントにして作り上げたという。

永沼氏は「パンチアイロン」と呼ばれる丸型アイロンを超極細に改良した「エッヂアイロン」を作り、独特のパーマを完成させたのだ。

永沼氏がこのヘアスタイルにつけた名前は「これ以上はない」という意味で「チャンピオンプレス」。それがいつの間にか「パンチパーマ」として世に知れわたっていった。

永沼氏も、なぜその名で広まったかわからないという。パンチアイロンで巻いた髪形だから、パンチの利いたパーマだからなど、諸説ある。

フリーメーソンは石工職人の組合がルーツ

陰謀説でおなじみの「フリーメーソン」。影で世界を動かす秘密結社というイメージが強いが、そもそもは石工職人の組合が起源とされている。

１３６０年、イギリスのウィンザー宮殿の建造の際に徴用された５６８人の石工職人が組合を作った。設計や建築技術を伝えるために職人は世界各地に出かけていき、組合員であるかどうかを見分けるため、様々な秘密が生まれ、これが儀式となっていったという。

団体の正式名称は「フリーメイソンリー」、会員個人のことを「フリーメーソン」と呼んだ。由来は、「加工しやすい石(Free Stone)」と、それを加工する「職人(Mason)」を合わせたというのが有力だ。

ナチスとは そもそも蔑称として用いられた語

20世紀の世界史に、黒い影を落とす「ナチス」。１９３３~45年にかけて、ヒトラーが率いたファシズム思想を持つ政党の名前である。しかしこれは略語であり、しかも蔑称なのだ。

ナチスの正式名称は「国家社会主義ドイツ労働者党」。党員たちは、このスペル表記「Nationalsozialistische Deutsche Arbeiterpartei」を略して、「ＮＳＤＡＰ」あるいは「ＮＳ」と呼んでいた。彼らに批判的な感情を持つ者が、これを「ナチ」「ナーツィ」と呼んで蔑んだのである。

したがって、ナチス党員が「俺たちナチスは……」などと言うことはあり得ないのだ。

自由の女神の正式名称に「女神」という言葉はない

アメリカ独立１００周年を記念して、

フランスからアメリカに寄贈(きぞう)された「自由の女神」。右手には自由を象徴する松明(たいまつ)を掲(かか)げて、左手には独立宣言書を抱えている。

さらに、足は暴力を象徴する鎖(くさり)を踏みつけている。

ただ、この「自由の女神」、実は性別がはっきりしていないのだ。というのも、正式名称は「世界を照らす自由」で、「女神」を表す英語名はないのだ。見方によっては長髪の男性にも見える。

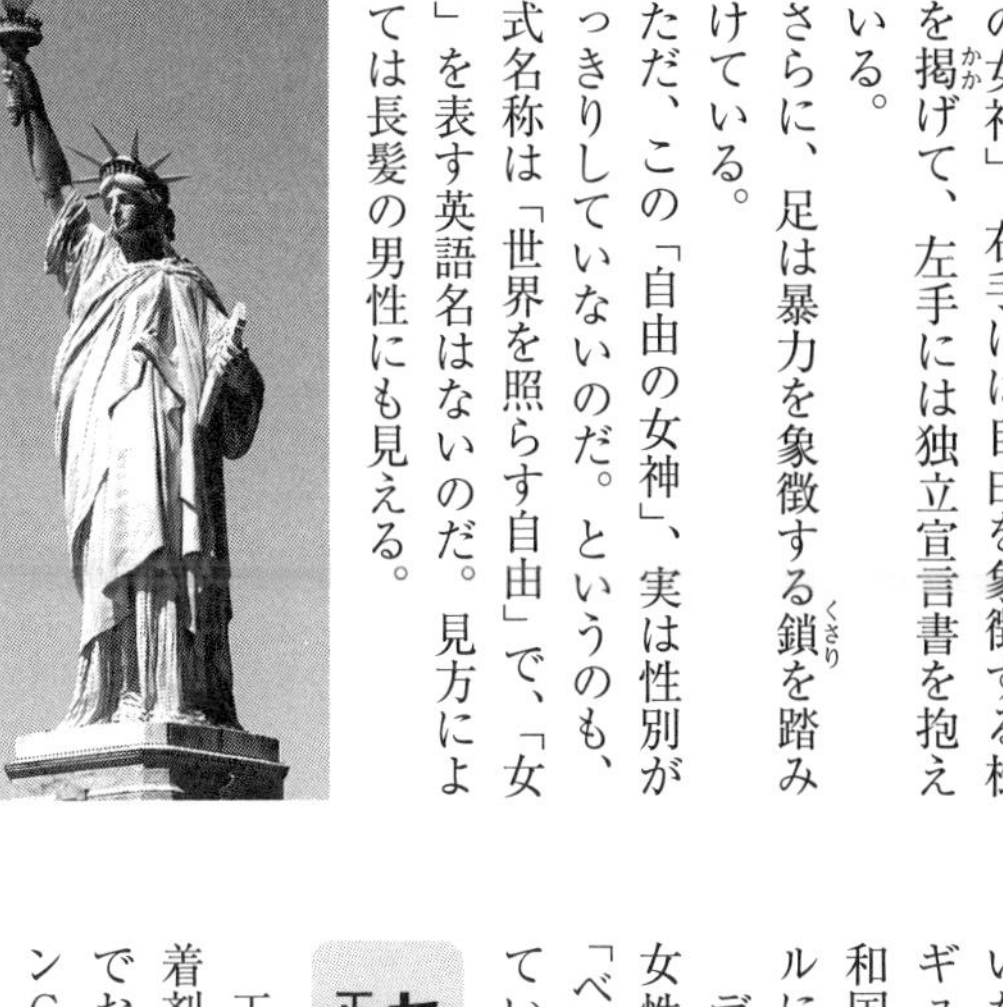

それでも「自由の〝女神〟」と通称がついたのは、デザインをした彫刻家のオーギュスト・バルトルディが、フランス共和国を象徴する女性像マリアンヌをモデルにしたからという説が有力だ。

デッサンの段階では、アラブの農家の女性をモデルとしており、デザインも「ベールを被った農民の女性の形」をしていたという。

セメダインの正式な商品名は「C」のみ!

工作の強い味方、透明で乾(かわ)きが速い接着剤「セメダインC」。黄色いパッケージでおなじみだ。当然商品名は「セメダインC」だろうと思うが、実は「セメダイン」は接着剤を製造している会社名と、会社で製造している接着剤ブランドの総称なのである。

「セメダイン」の語源は、接合材であるセメントと力の単位を表す「ダイン」をくっつけた造語。「力強い接合」の意味がある。

では「セメダインC」の正式名称はまさかの……。そう、ただの「C」。「C」の発売前には「A」と「B」という商品があり、「C」が大ヒット。

このおかげで、セメダインというブランド自体の名前がよく知られるようになったのだった。

5章

なぜ、そう言うようになった？俗語・慣用句の由来

◆例えば「ゴリ押し」のゴリとは、どういう意味か

マジ

「まじろぐ」→「真面目」からきている古い言葉

「本気」と書いて「マジ」と読ませるのは、1980年代初頭のマンガのセリフからとされている。しかし、江戸時代にはすでに芸人の楽屋言葉として使われていた。

「マジ」は「真面目」「真剣」「本気」といった意味からきており、1810年頃の歌舞伎に、「ほんに男猫も抱いて見ぬ、まじな心を知りながら」というセリフがあったといわれている。

なお、「真面目」は「まじろぐ（瞬ぐ）」の「まじ」からきていると考えられており、「まじろぐ」は「瞬きをする」に加え、その状態で「じっと見つめている」という様も示すとされる。

ただし、当時のマジには漢字が当てられず、「本気＝マジ」となったのはマンガの影響が強く、現在では「本当」の意味で用いられることも多い。

タメ

博打場での言葉が訛ってできた

「あいつとオレはタメだから」とか、「タメ口で話すな！」などと使われる「タメ」。「同じ」「同ランク」という意味があり、前者のタメは「タメ年」の略だ。

タメの語源は「サイコロの同じ目」から。いわゆる「ゾロ目」のことである。博打の場でゾロ目のことを「同目」ともいい、これが転訛して「タメ」になったとする。

やがて1960年代頃から不良の間で五分五分のことをタメというようになり、やがて「同級生」「同い年」を「タメ年」と表現し始める。

その後タメ年同士での口の利き方が「タメ口」となり、1980年代前後からは一般にも浸透し始めた。

メンツ もとは中国語で昭和以降に定着

「メンツがつぶれる」という言い回しがある。意味は「体裁（ていさい）が悪くなる」「威厳が失われる」といったところだ。

このメンツは漢字で書くと「面子」。もともとは中国語であり、発音は「ミアンツ」である。

中国語では麻雀で同じ卓を囲む人を面子といい、これはメンバーの意味である。他にも、「面目（めんぼく）」や「世間体（せけんてい）」「表面」という意味を持つ。つまり、中国語と同じ意味が、日本でも使われているのだ。

日本に入ったのは意外に新しくて、大正時代に入ってから。広まったのは昭和の初期だとされる。したがって、その時代以前を舞台にしたドラマなどで「メンツが立たない」や「武士のメンツがつぶれる」というセリフがあれば、明らかに誤りだ。

ビビる 今ドキの言葉と思いきや江戸時代からあった！

強い相手を前に「ビビる」、大舞台に「ビビる」。響き（ひび）きだけ聞いていれば、「尻込みする」という意味の若者言葉のように思う。

ただ、この言葉自体は江戸時代から文献で確認することができるのだ。１６８０年、一時軒（岡西）惟中によって書かれた随筆『続無名抄』にも登場する。しかし「尻込みする」ではなく、「ケチケチする」「すねる」という違った意味で使われていた。

したがって現在使われる意味合いの「ビビる」の語源は、「びくびく」や「びりびり」「びんびん」などオノマトペに由来するという説が有力である。

インフルエンザ　「インフルエンサー」との意外な関係

16～17世紀のイタリアでは、多くの人が次々に病気になるのは、冬の冷たい寒気や星の動きが影響しているのではないかと考えた。

この「影響」を、イタリア語では「influenza（インフルエンツァ）」と言い、これがインフルエンザの語源だといわれている。

18世紀にイギリスで蔓延した際、この言葉が使われて世界的に広まり、日本でも幕末には蘭学者によって導入。「流行性感冒」という訳語が生まれた。

なお、近年よくメディアで使われる「インフルエンサー」は、影響者を意味する英語の「influencer」から。この言葉はラテン語の「影響（influentia）」が語源であり、イタリア語のインフルエンツァも同じラテン語が語源なので、ルーツは同じといえよう。

ざっくばらん
髪がばらりと乱れた様子から

「ざっくばらんに話すとね」というふうに、遠慮がなくあけすけなことを示す「ざっくばらん」。

これは江戸時代の「ざっくばらり」という言葉が転じたものだ。

当時の辞書である『俚言集覧（りげんしゅうらん）』には、「ざッくばらり。髿鬖（さく　ばらり）などの意か」とあり、「髿鬖」とは髪が乱れていること。つまり、髪の毛を結（ゆ）わえずに、左右に分かれてバラリと横に垂れ下がっている様子を、「体裁（ていさい）を気にしない」「身構えない」ととらえ、そこから「思っていることをさらけ出す」という意味になったのだ。

レストラン
「回復」を表す言葉が由来

飲食店を意味する「レストラン」は、もともと場所を示す言葉ではなく料理を表していたという説がある。

それによると、体調を回復させるブイヨン料理をフランス語の「restaurer」（修復する、回復する）からレストランと呼ぶようになり、やがて提供する店の名前になったとする。

一方、別の説では、やはり料理店を意味するとする。

最初に開かれたレストランは体調回復のために消化の良い料理を出し、店主が看板にラテン語で「胃が苦しい人はわたしのところへいらっしゃい。あなたを元気にしてあげよう」と記した。この「元気にしてあげよう＝restaurabo」から、元気を回復する食べ物を提供する店のことをレストランと呼ぶようになったとしている。

スパム
迷惑メールと缶詰との関係とは

出会い系やマルチ商法など、受信者の許可なく何度も送りつけられる迷惑メールを「スパム」と呼ぶ。

そして、アメリカのハムの缶詰（かんづめ）にもスパムという商品がある。この関連性に首をかしげたくなるが、スパムメールには次のような由来がある。

スパムの缶詰の宣伝で、「スパム、スパム、スパム」と「スパム」を連呼するCMが流れた。これをイギリスのコメディー番組『空飛ぶモンティ・パイソン』がネタとして使用。

レストランで料理を注文しようとしていた夫婦が、「スパム」を連呼するバイキングの歌に邪魔されて、思わず「スパム料理」を注文してしまったという内容だ。

このように「スパム」の連呼が、意思に反する行動をとらせたことや、一方的かつ大量に送りつけてくる迷惑メールを彷彿（ほうふつ）させたことなどで、スパムメールが迷惑メールの代名詞のようになってしまったのだ。

にっちもさっちも もともとはそろばん用語

どうあがいてみても、どうにもならないことを、「にっちもさっちもいかない」という。漢字で表すと「二進も三進も」だ。実はこの言葉、そろばん用語からきている。

「二進」とは2÷2、「三進」とは3÷3のことで、どちらも割り切ることができる。つまり、「二進も三進もいかない」というのは2でも3でも割り切れないという意味だ。

そこから「どう計算しても勘定が合わない」という意味として、お金を計算する際に使われるようになる。これが広い意味で使われるようになり、どうにもならない状態であることを示すようになったとされる。

ゴリ押し 「ゴリ」っていったい何のこと？

無理やりに自分の考えを押し通す「ゴリ押し」。最近では、自分の「推し」でないアイドルが、やたらとテレビ番組やCMに登場すると、「事務所のゴリ押しだ！」とわめくファンも見かける。

ゴリ押しの「ゴリ」はハゼ科の魚のこと。ゴリは吸盤型の腹びれを持っており、川底にくっついて流されないように生活している。

そのゴリを捕獲しようとすれば、網で川底の小石もろともかき取ったり、わらの束や木の棒で川底を叩いてゴリを驚かせて網に追い込んだりと、かなりの力業となる。

　この「ゴリ押し漁」から、強引に押し通すことを「ゴリ押し」と呼ぶようになったといわれている。

ぞっこん
昔は「惚れる」の意味以外にも使われていた

「心の底から」を意味する「ぞっこん」。とくに異性に対する愛情表現で使われる言葉だ。もともとは「そっこん」と濁らない発音で、17世紀初頭の日本語・ポルトガル語の辞書『日葡辞書』には「Soccon（ソッコン）＝心の底」という項目が設けられている。

　現在と同じ「ぞっこん」の形が一般化したのは、18世紀に入ってからだ。

　1780年の浄瑠璃『碁太平記白石噺』には「ぞつこんに滲み渡り」という言い回しがあり、この頃は恋愛に関するだけでなく、心の底という意味でも使われていた。

　語源については、「底根」からというのが通説になっているが、当て字の可能性が否めない、とする説もある。

やたら
魚のタラとは無関係！

度を越えている様子や手当たり次第な様子を示す「やたら」。「矢鱈」とも書かれるため魚のタラと関わりがあるのか？と思うがこれは当て字である。この「やたら」は、雅楽の「拍子」からきているという説が有力だ。

雅楽には朝鮮半島系の「高麗楽」と大陸系の「唐楽」があり、唐楽の拍子の一つが「八多羅拍子」だ。「八多良拍子」「夜多羅拍子」とも表記され、2拍子と3拍子を交互に繰り返す5拍子から成る。

八多羅拍子はテンポが速く、しかも複雑な拍子なので調子を合わせるのが難しい。そのため、演奏が乱れやすいことから、秩序や節度のないさまを、「やたら」というようになった。

なお、着物の紋様の「矢鱈縞」は筋の大きさや色素の列順が不規則な縞模様のことを指す。

エッチ
さまざまな起源を持つ由緒ある言葉だった

近頃では性行為のぼかした言い方としても使われる「エッチ」。実は100年近い歴史を持つ、由緒のある言葉なのだ。最初の語源は、明治20年代に女学生の間で、「夫（Husband）」のHを、性的な隠語として使われ始めたとする。

もう一つには大正時代の1914年、オーストリアの精神科医、クラフト＝エビングの書いた『変態性欲心理』の翻訳本が出版されて性科学がブームとなり、「変態」という言葉を冠した雑誌や書籍が刊行され、これが「H」に変わっていったというもの。

大正時代から昭和初期にかけては、男色を表す「鶏姦」にちなみ、英語の「雄鶏（Hen）」の頭文字をとってHを男性の同性愛者を指す隠語として使われている。

その他にもさまざまな説が連立し、H

の語源を探る旅は、まだまだ終わりそうにない。

WC なぜトイレをこう表すの?

トイレの略語といえばＷＣだ。だが、トイレをアルファベットで記すと「toilet」。ＷもＣも含まれていない。これに関しては、日本がフランス式の表記を採用したことを由来とする。

フランスでもトイレの表記は「ＷＣ」だ。しかし、フランス語でトイレを意味する単語は「トワレット（toilette）」。やはりＷＣと略するには無理がある。

その理由は自国語に対するプライドが、異常なまでに強いフランス人気質が起因する。不浄なトイレに自国語を表示するのを嫌がった彼らは、わざと英語を使って表示したのだ。

英語ではトイレットの他に、「ラバトリー（lavatory）」や「ウォーター・クローゼット（water closet）」という言葉があり、ウォーター・クローゼットを採用。それを略して「ＷＣ」となり、日本もそれにならったのである。

空飛ぶ円盤 いろんな形があるのに「円盤」というわけ

ＵＦＯのことを「空飛ぶ円盤」と呼び、英語でも「フライング・ソーサー（Flying Saucer＝空飛ぶ皿）」と表現されるが、これまでの目撃談によると、葉巻型やピラミッド型など、さまざまな形が報告されている。

ではなぜ「空飛ぶ円盤」と呼ばれるようになったのか。その理由は、1947年に起きた「アーノルド事件」にある。

この年の6月、消防機器会社社長のケネス・アーノルドは自家用機で飛行中、9機の奇妙な飛行隊を目撃。

その様子についてアーノルドは記者会見で、「コーヒーの受け皿を半分にぶつ切りにした形」と言った。つまり「半月型」の飛行物体であり、その飛び方の説明として「水面をはねるコーヒー皿のような飛び方」と表現した。

ところが、「コーヒー皿のような物体」と間違って伝えられ、新聞記者によって「空飛ぶ円盤」という名称がつけられてしまったのである。

よもやま話

「よもやま」とは四方八方のこと

「よもやま話」というのは、雑談、世間話を意味する。漢字で書くと「四方山話」。語源は「あらゆる方面」を表す「四方八方」から。つまり、あらゆる方面からいろんな話題が飛び出す場面を表現している言葉なのだ。

四方八方は「しほうはっぽう」という読み以外に、「よもやも」と読まれることがあり、これが変化して「よもやま」と呼ばれるようになったというのが有力である。

「四方山話」と同じ意味で「与太話」（つまらない、ばかげた話）という言葉があるが、この「与太」は、江戸時代の人形浄瑠璃界で「でたらめを言う人」の隠語。同じ世間話をするなら、せめて「与太話」より「四方山話」にしたいものだ。

ダサい なぜイケていないことをこう言うようになったのか？

「ダサい」という言葉は、「イケてない」という意味であるが、なぜ「ダサい」と言うようになったかは諸説ある。しかし、どれも出どころがはっきりせず、いまだ語源は謎のままである。

まず、田舎という単語を「だしゃ」と読み、これを「だしゃい」と形容詞化したものが発展し、「ダサい」となったとする説。さらには西日本の方言「どんくさい」が転じたという説、さらには「無駄臭い」が転じたとする説などがある。

しかと もとは賭博師の間で使われていた言葉

誰かに無視されたとき「おい、シカトするなよ！」などというふうに使われる「シカト」。この言葉は、花札の絵柄からきたものである。

10月の高得点札「鹿に紅葉」を見ると確かに、鹿が「ふん！」とそっぽを向いているように見える。ここから「鹿十」という言葉がつき、

次第に「シカト」に変化した、もしくは「鹿の10月」が縮（ちぢ）まったともいわれる。

昭和30年代頃までは、主に賭博師（とばくし）の隠語として使われており、読み方もまだ「しかとう」だったようだ。この言葉を知った不良少年たちがワルを気取って使い始め、一般的に広まったのである。

なあなあ
歌舞伎の内緒話のシーンが由来

「なあなあで済ます」など、「馴（な）れ合い」や「妥協（だきょう）」という意味で使われる「なあなあ」という言葉。これはもともと歌舞伎が由来となっている。

舞台で「内緒話」のシーンがあるとき、役者同士はセリフを言っているわけではなく、なにかをパクパクと話しているフリをして「……なあ」と呼びかけ、「なあ」と返す。

これは、意思疎通ができていることを表現する芝居の一つだ。

観客も「これは歌舞伎の約束事であり、それ以外のセリフがなくても芝居は進む」と承知して観ている。このことから「馴れ合いでも意味が伝わる」ことを「なあなあ」と呼ぶようになったのである。

現金な人
江戸時代の商人の態度から

キャッシュレスが推奨（すいしょう）され、クレジットカードや電子マネー、スマホ決済が当たり前になりつつある。「それでもオレは現金払い！」という人を「現金な人」――という意味ではない。

自分の利益になると思うと、手のひらを返すように態度を変える。そんな人を「現金な人」という。これは江戸時代から使われ出した言葉で、客に対する商人の態度が由来だ。

江戸時代は「節季勘定」といって、掛け売りが基本だった。集金は盆と年末。「百八のかね算用や寝られぬ夜」という川柳も残され、これは「除夜の鐘が鳴る時刻になっても支払いの金が工面できない」状態をを表している。

しかし、1682年に呉服店の越後屋（現三越）が「薄利多売現銀掛値無」、つまり「価格を抑える代わりに支払いは現金のみ」という商法をとる。これが大当たり。他の店でも同じようなシステムを採用する。

現金払いは資金繰りや未払いを気にすることもないし、集金の手間も省けるので、客よりも売る側のほうがメリットは大きい。

そのため、掛け払いの客よりも現金払いの客に愛想がよくなる。この態度に対して、「現金な人」という言葉が生まれたのだ。

眉唾
本当に眉に唾をつけていた！

「その話、眉唾モノだなあ」とイマイチ信用できない話に対して使う「眉唾」。騙されないよう用心するという意味はわかるが、なぜ「眉」と「唾」が出てくるのか？

これは「眉に唾をつけるとキツネに騙

されない」という言い伝えから来ているというのが有力だ。岡山県児島地方では、キツネに眉毛を数えられたら騙されると言われていた。そこで、眉に唾を塗り、眉毛をまとめたとされる。江戸期に出版された狂言台本『狂言記』にも、キツネに化かされないよう、眉毛を濡らす表現が登場する。

江戸時代までは「眉に唾をつける」とそのままの表現だったが、明治時代に「眉唾」に短縮され、そのまま現代に伝わっている。

突拍子もない

「突拍子」って何のこと!?

いきなり、ヘンなことを言ったりヘンな行動をしたりするのを「突拍子もない」という。この「突拍子」は、「今様」という歌謡にある「突拍子」という技法が由来である。

音階の上下が少ないなだらかなメロディーから急に高くなる、つまり瞬間的に変化する独特のテクニックのことである。

ここから「度が外れた」「瞬間的に、今までと違う状況になる」という意味で、この言葉が使われるようになった。

どんでん返し

歌舞伎で場面を転換する様子から

物語などの展開が、正反対になるということを「どんでん返し」という。この言葉は、歌舞伎に由来する。

歌舞伎では、「龕灯返し」という、大道具を後ろに倒すと次の場面が下から出てくる場面転換の装置がある。外から見ると、照明が消えた一瞬のうちに風景が変わったように見え、観客はビックリする、というわけだ。

さらに、大道具を倒す様子と、倒す際に鳴らす太鼓の音から「どんでんどんでん」という言葉が生まれた。

そして「龕灯返し」という装置の名も次第に「どんでん返し」に変化したとされる。

おあいそ　会計のときにこう言うわけ

飲食店で勘定のことを「おあいそ」というが、これは江戸時代の歌舞伎言葉に由来する。

歌舞伎では女性が本心を隠して好きな男と別れることを「愛想つかし」といい、また「愛想つかしは金から起きる」という言葉もあった。

そこから、店の主が客に勘定を請求する際、「どうも愛想つかしなことで」とへりくだる。これが縮まって「おあいそ」になり「勘定」を意味するようになったという説がある。

ただ、勘定を意味する「おあいそ」は、あくまでも店側が使う言葉であり、客が料金を支払うときに「おあいそ、お願い」と告げるのは誤りだ。

ダメ　囲碁でどちらの陣地にもならない場所のこと

「やってはいけないこと」「しても無駄なこと」をダメといい、漢字で「駄目」と書く。これは囲碁用語からきている。

囲碁は白と黒の石を交互に置いていき、囲った「地」の広さで勝敗を決める。いわば「陣取りゲーム」である。ところが、ルール上、どちらの地にもならない場所がある。これが「駄目」である。

石を置いても何の意味もないことから、無駄なこと、勝ちめのないことを言うようになったのだ。

ただし、駄目に念のため石を詰める場合もある。それが「駄目押し」で、念には念を入れるという意味がある。

トンチンカン
鍛冶屋での音から生まれた言葉だった

つじつまが合わないことやちぐはぐなこと、見当違いなことをいう「トンチンカン」は「頓珍漢」と書かれることもあるが、これは当て字。言葉の由来は擬音語にある。

鍛冶屋では鉄を鍛えるため、まず親方が大槌を打ち、続いて弟子が小槌を打つ。弟子がタイミングを外したり、打つ場所を間違えたりすると、槌の音がちぐはぐになる。それを「トンチンカン」という音で表したとする。

ちなみに、鍛冶屋で親方と弟子が交互に鉄を打つことを「相槌」といい、相手と交互にうなずいて調子を合わせる時の「相槌を打つ」の語源

である。

てんやわんや

実は関西の方言が混じっている！

勝手気ままな振る舞いで、混乱をきたした状態をいう「てんやわんや」。しかも、大勢が大騒ぎという、手のつけられない事態をいう。

語源は「てんでん」に「わや」がついたものと考えられ、「てんでん」は「手に手に」で、各自を意味する。「てんでバラバラ」も、それぞれがバラバラという意味になる。

「わや」は関西の方言で、「駄目になる」「めちゃくちゃになる」という意味を持ち、「さっぱりわやや」は「全くダメだ」ということだ。

これらの言葉が合わさり、大混乱の様子を表しているのだ。

うつつを抜かす

「うつつ」とは現実のこと

「うつつ」は漢字で「現」と書き、現実や正気のこと。「抜かす」は「抜ける」と同義で、このことから「現実から抜ける」、すなわち「正気を失う」という意味になった。

例を挙げれば「ギャンブルにうつつを抜かす」は「正気を失うほどギャンブルに夢中になる」。「女性にうつつを抜かす」なら、「自分を見失うほど女性に夢中になる」という意味だ。

うつつを使った言葉には、他に「夢うつつ」があり、これは夢か現実かわからない状態をいい、これは「夢心地」と同義である。

腕白

「腕」が「白い」のにいたずら盛りを意味するわけ

いたずら盛りの子どもを指す「ワンパク」は漢字で「腕白」。とはいえ、ワンパクな子どもの腕が白いわけではなく、これは当て字だ。

江戸時代に書かれた書物の『嬉遊笑覧』には「小児の頑要するわんぱくというはわやく転りたることと聞こゆ」とあり、「わやく」とは「聞き分けがない」「いたずらをする」という意味。この「わやく」が転じてワンパクという言葉が生まれたという。

また別の説によると、天皇を補佐する役職である「関白」が訛ったとするものもある。それによると、「関」の原音は「ウワン」であり、「ウワンバク」が「ワンパク」と発音されるようになったとし、聞き分けのない子どもを傲慢な権力者にたとえたようだ。

素敵

良いことなのになぜ「敵」を使うのか

「素敵」という語は、江戸時代の後半になってから使われ始めたとされる。語源については「もとのまま」「手を加えない」という意味の「素」に「的」がついたものという説が有力だ。

江戸時代の終わり頃から明治時代にかけて、泥棒のことを「泥的」、官僚のことを「官的」というような俗語があり、それと似たような用い方をされたと考えられる。つまり「素晴らしい」の「素」に「的」がついたとの説がある。

その説に従えば本当は「素敵」ではなく「素的」と書くべきだが、実はかつて「素敵」は「素的」とも記され、こちらのほうが多かった。また「素適」という表記もある。

とはいえ「素晴らしい」の「素晴」も当て字だとされているので、「敵」「的」「適」のいずれも当て字であり、間違いではないといえる。

目安　平安時代から続く由緒ある言葉

「この仕事が終わる目安を教えてくれ」や「お金を返せる目安がつきません」など、おおよその基準を表す「目安」。この言葉の歴史は古く、平安時代からあるとされる。

古語には「めやすし」という形容詞があり、「見苦しくない」「感じがよい」という意味で用いられた。

やがて鎌倉時代になると、そろばんの位取りの印や、秤(はかり)の目盛りなど、だれが見てもわかるものを「目安」というようになる。この意味がさらに拡大し、基準や目標という意味で使われるようになったのだ。

毛嫌い　「嫌い」の上に「毛」がつく深いワケ

告白をしてみたものの、「とくに理由はないけれど、ごめんなさい」と言って断られる。釈然とはしないが、改めるべきところもないので、諦めるしかない。

いわゆる「生理的にダメ」というものだ。これを「毛嫌い」という。語源はウマの「交尾相手探し」からという、少し生々しいものだ。

顔やスタイルで選ぶ人間とは違い、ウマは毛の色や毛並みで相手を選ぶという。そして、少しでも気に入らないと、発情期でも交尾をしない。

馬を買って売りさばく博労たちはそのことに気づき、「ウマの毛嫌い」と呼んだ。これが語源である。

ただ、本当にウマが毛並みを嫌っているかどうかは不明で、交尾をしないウマを見て、勝手に毛並みが悪いせいだと判断した、との説もある。

ちなみに、毛嫌いを「気嫌い」と書く人もいるが、由来からすれば誤りである。

コンパ

実は明治時代から使われていた

「飲み会」のことを「コンパ」ということがある。最近では主に「男女の出会いの場」として、「合コン」「街コン」というふうに使われるが、かつては「新歓コンパ（新入生歓迎会）」「追い出しコンパ（卒業生送別会）」という場も設けられていた。

数人が集まって懇親を深めるという意味での「コンパ」という言葉は、英語の「カンパニー(company)」を由来とする。カンパニーは日本語で「会社」だが、「集まる」という意味もあり、ここから派生したものと考えられる。

使われ始めたのは意外にも古く、明治時代から。同じ寮やクラスなどに属する学生たちが親睦を深めるために、酒席を共にする習慣が生まれ、そんな場を「コンパ」と呼んだことによる。

ただし、飲酒は必ずしも必要ではなく、随筆家の生方敏郎による『明治大正見聞史』には、パンやお菓子を買って食べながら歓談する「コンパニー」という集まりが記されている。この風習が現在にも受け継がれてきたわけだ。

おじゃん

江戸時代の火事の際に鳴らす半鐘の音がもとに

進めてきた大きなプロジェクトが、取引先の都合で中止になる。コツコツと入力してきたデータが、パソコンの不具合で消去されてしまう。

考えるだけで身の毛もよだつ事態だが、これを表現する言葉が「おじゃんになる」だ。

「じゃん」は鐘を打ち鳴らす音からきた言葉だが、鐘といっても寺にある大きな鐘ではなく、小ぶりの半鐘だ。

江戸時代は火事が発生すると、この半鐘を鳴らして住民に知らせた。火元が遠ければ、「ジャーン、ジャーン、ジャン」と2回半、近ければ「ジャン、ジャン、ジャン、ジャン」と連打。鎮火したときは、「ジャン、ジャン」と2回鳴らしたという。

当時の消火方法は、水で火を消すというよりも延焼を防ぐことに重きを置いた。そのため、火元のみならず周辺の家屋も取り壊されていた。このことから「火事が起きる＝ジャンが鳴る」と全部がダメになることから、「おじゃんになる」と言われるようになったのだ。

濡れ衣を着せる

諸説ある濡れた衣の由来

無実の罪を被る、もしくは身に覚えのない悪い評判を立てられることを「濡れ衣を着せられる」という。

語源には諸説あるが、一つは「継母のイジメ説」。娘のいる家に嫁いだ女が、海水で濡れた漁夫の衣を継娘の部屋に隠しておき、娘に男がいると実父に讒言したという伝説から。

二つ目は「語呂合わせ説」。「実のない」を「蓑のない」に掛け、蓑を着ないと雨に濡れるところから、「真実ではないことを被せる」という意味になった。

三つ目は「三段落ち説」。無実の罪を負うことを「被（かず）く」といい、海に「潜る＝潜（かず）く」海人も濡れた衣を着ていることから、「潜く人の衣＝濡れた衣＝被（かず）く」になったという、少し強引な説がある。

屁の河童

河童にも屁にも特に意味はない

「これくらい、屁の河童さ！」と、つらいときでも何とも思っていない、平気だと表現するときに使う「屁の河童」。

とても素晴らしい意気込みなのに、なぜ河童の「屁」に例えるのだろう。「河童」と「屁」の順番が逆なのも不思議だ。

実は語源は、河童でも屁でもなく「木っ端の火」に由来する。木っ端とは木のくずのこと。木くずは火をつけるとすぐ燃えてなくなる。このことから「取るに足らない」という意味で使われるようになったのだ。

この「木っ端の火」は時とともに「こっぱのへ」に変化して伝えられ、「かっぱのへ」に変化。そこからさらに江戸時代、言葉をひっくり返す遊びが流行り「へのかっぱ（屁の河童）」になったという。

ホゾを噛む
後悔するとおへそを噛むの？

「ホゾ（臍）」とは「おへそ」のこと。古くは「ほそ」と呼ばれていたのが「ほぞ」「へそ」と変化したという説もある。しかし、この文章の通り「自分のヘソを自分で噛む」のはどうしても無理。口が届かない。

このことから、「取り返しのつかないことをして後悔する」を意味する。

中国から入ってきた故事であり、由来は孔子が編纂したとされる歴史書『春秋左氏伝』から。「郤国を亡ぼす者は必ず此の人なり。若し早く図らずんば後に君臍を噛まん」という部分があるのだ。

春秋時代、鄧の祁侯が、楚の文王を泊めてもてなした。しかしその際、祁侯の3人の家来が「文王とはやがて敵対するから、今のうちに殺さないと後悔する」と進言したという内容である。

ちなみに祁侯はこの進言を無視し、その後文王に滅ぼされている。

ハイジャック

「ハイ」は高いという意味ではない

飛行機などの輸送機関を襲い、金銭や国外逃亡などの要求を突きつける「ハイジャック」。英語では「hijack」で、動詞は「hijacking」だ。

言葉の由来には諸説あり、一つは強盗が運転手に「ハーイ、ジャック!」と声をかけて拳銃(けんじゅう)を突きつけたことに由来するという説。もう一つは、強盗が被害者を脅す文句「Stick'em up high, Jack.(手を高く上げろ)」に由来するという説だ。

いずれにせよ、「ハイジャック」は飛行機の乗っ取りだけに限らない。そのため、「バスジャック」や「シージャック」という言葉は厳密には誤りとなる。

万引き

「万」は単位だと思いがちだが…

代金を支払わず、無断で商品を持ち去る犯罪の「万引き」。「魔(ま)が差した」「軽い気持ちで」というイメージもあるが、刑法上では立派な窃盗罪(せっとうざい)である。

万引きの「万」は当然お金の単位と思いきや、実は当て字で、語源は「間引き(まびき)」から。江戸時代は「間」という言葉を発音するとき「まん」と読むことも多かったという。

間引きとは、畑の間隔(かんかく)を保ったりするため、密生している育ちの悪い農作物を適当に抜き取ること。ここから「多くの物から少数の商品を盗み出す」という行為を絡(から)めて「間引き」となったのだろう。

「間」が「万」の当て字になったのは、盗みという犯罪に対しての皮肉だという見方が強い。

また、タイミング（間）を見計らって盗むことから「間引き」と名がついたという説もある。

狼狽 この漢字が指している動物とは

中国の伝説上の動物「狽（ばい）」は、オオカミに似ているものの前足が短くて後ろ足が長い。そのため、自分で歩くことができず、いつもオオカミの背中に乗っていたとされる。

このオオカミと狽のコンビを由来とする言葉が「狼狽（ろうばい）」だ。

2匹はいつも一緒にいるため、離れ離れになったときは、ひどく慌てふためいたという。そこから、驚きうろたえることを表す言葉となったのだ。

なお、「狼」も実物のオオカミではなく、狽とは逆の前足が長くて後ろ足の短い伝説の動物をいう。だが、狼と狽に「乱れる」「よろける」という意味があるという説、狼にも狽にも意味がなく擬態語（ぎたいご）として当てられたという説なども、近年は有力視されている。

ロードショー もともと演劇界で使われていた

かつてアメリカの演劇界では、ブロードウェーで上演する前に地方で試験的に興行することがあった。この地方巡業（じゅんぎょう）のような旅興行が、もともとの「ロードショー」の意味。

やがて、この言葉は映画界でも使われるようになったが、演劇とは逆に、都市部で先行上映し、その人気に応じて地方での上映規模を検討する意味に変わった。

日本でも当初は、一般公開前の特別上映という意味で使われていたが、1970年代に洋画の大ヒット作が現れると、全国規模で同時公開される作品も増える。

このことを「全国ロードショー」「拡大ロードショー」などと言うようになり、単に「封切り」「公開」の意味で使われるようになった。

めじろおし
メジロが列をなしてひしめいている様子から

「楽しいことがめじろおし！」など、多くの人や物事が混み合って並んだり、続いたりするときに使われる「めじろおし」。

この語源は鳥の「メジロ」である。

メジロという鳥は、隙間（すきま）なく押し合うように一列に並ぶ習性がある。秋から冬にかけては群れになるので、木や電線の上にびっしりと列を作り、止まっている風景を見ることもある。

ここで重要なのは「列」を作っているというのがポイント。同じ「混雑」のシーンでも、ハロウィンの渋谷スクランブル交差点のような状態は「目白押し」とは言わない。

最近では人が並ぶ

状態よりも、いろいろな予定が時間を空けず続く状況によく使われるようになっている。

うだつが上がらない
「うだつ」とは何のこと？

出世に見放された人が、「うだつの上がらないヤツ」といわれることがある。この「うだつ」については、異なる2説が存在する。

一つ目は、うだつとは梁（はり）の上に立てて棟木（むなぎ）を支える短い柱のことで、いつも棟木に押さえられているように見えることから、「頭が上がらない＝出世ができない」という意味になったとする。

もう一つの説では、商家などで隣の家との境に設ける防火壁のことを「うだつ」といい、自分の財力を誇示（こじ）するため、うだつを高く上げることを繁栄の印とした。

しかし、立派なうだつを上げるには、それなりの費用が必要だ。そこから、大したうだつも上げられないことを「地位が向上しない」「いまいちよくない」状態とみなした、というものだ。

どすこい
力士は「どすこい」なんて言わないが…

お相撲を表すとき「どすこい、どすこい！」と言うことがあるが、考えてみたら、力士が実際に「どすこい」と言っている姿はあまり見たことがない。この言葉はどこから来たのだろうか。

実は、相撲場所開催時に謳われる「相撲甚句（じんく）」の囃子（はやし）声の一つであった。大阪相撲の「ドスコイ」系と東京相撲の「ヤットコ」系、大きく二つの囃子声があったが、昭和初期、大阪相撲の相撲甚句が主流になる。

ここから「どすこい」が広く知られるようになったとされる。

今では相撲甚句を知っている人も少なくなったが、「どすこい」という響きは、体格が良い力士を想像させる擬音としてぴったり。言葉自体は「お相撲さんのイメージ」を表すものとして使われ続けている。

ハイカラ　からかいの言葉だったが今では好意的な意味に

「ハイカラな人」といえば、おしゃれなイメージを抱いてしまうが、もともとは人をからかう言葉だった。

ハイカラは「high-collar」、つまり「高い襟(えり)」のこと。1890年代後半に洋行帰りの外交官や政治家は、ワイシャツに高い襟をつけていた。

彼らは開国主義者であり進歩的な考えの持ち主だったが、いわゆる「西洋かぶれ」でもあった。

そんな人々を指して「東京毎日新聞」(現在の毎日新聞とは別)の記者、石川半山(はんざん)が、紙面の「当世人物評」において「ハイカラア派」「ハイ、カラア党」と使いだしたのが始まり。

やがて、「ハイカラ」は近代的、流行の先端などの意味で用いられ、当初のイメージとは違う「おしゃれ」という好意的な言葉に変化した。

グレる

「グレ」の字はどこからきた？

平安時代、貴族の間で「貝覆い」というゲームが行なわれていた。これはいくつかのハマグリの貝殻を左貝と右貝に分け、それぞれに合う貝殻を当てるというものだ。

ハマグリは虫偏に「合」（蛤）と書くように、同じ貝同士でないとぴったりと合わない。この「貝覆い」もしくは「貝合わせ」という遊びは江戸時代でも行なわれ、貝殻同士が合わないことを「ぐりはま」といった。

やがて「ぐりはま」は物事が食い違う状況を指すようになり、「ぐりはま」が「ぐれはま」に転訛。「ぐれはま」の動詞形が「ぐれる」であり、堕落して身を持ち崩すことの意味に変化した。戦後の不良グループを「愚連隊」と呼ぶのは、「ぐれる」に由来し、現在の「半グレ」はジャーナリストの溝口敦が著書『ヤクザ崩壊』（講談社）で命名したものである。

下戸

もとはお酒が飲めないほど貧乏な人のこと

「下戸」とはお酒が飲めない人のことで、由来は約１３００年前にまでさかのぼる。当時は租税を徴収するにあたり、家々を資産や人数でランクづけをした。

それが、「大戸」「上戸」「中戸」「下戸」で、下戸は貧乏で酒も蓄えるほどの経済的余裕がない。そこから、酒を飲めないという意味になったという。

また、古代中国で万里の長城の警備にあたっていた兵士のうち、高所の担当（上戸）だけ酒が与えられた。

これは寒冷で身体が冷えるための対処ではあるが、低地担当（下戸）には与えられなかったので、下戸は飲めないということになったという説もある。

赤の他人 赤と他人は何か関係がある？

全く関わりのない他人のことを「赤の他人」というが、なぜ「赤」なのかと疑問に思う人は多いだろう。ただ、同じように「赤」が「全く」や「すっかり」「明らか」を意味する言葉は多く、「真っ赤なウソ」「赤っ恥」などが挙げられる。

つまり、赤は強調の接頭語ということができる。

赤が強調を意味するのは、色のイメージからだ。火や血、太陽など生命にかかわるものは、ほとんどが赤。それらが出すエネルギーから、単語にも強いインパクトが備わっていると考えられたのかもしれない。

ロートル 中国語の「老頭児」が語源

カタカナで表記されることが多いので、欧米からの外来語と思われがちだが、語源は中国語の「老頭児」から。中国語での読みは「ラオトウ」に近く、ロートルといっても通じない。「年をとった」「老いて役立たずになった」など、あまりいい意味では使われない言葉だ。

昭和50年代頃のスポーツ界では「ロートル選手」という表現があり、高齢となって中心から外されても、現役にこだわる選手を指した。

だが、最近では40代を超えても、まだまだ現役で活躍する選手が増えてきたため、この言葉も死語になりつつある。

ミーハー
当時の若い女性が好きだったものの頭文字

最近はあまり聞かれなくなった「ミーハー」。「流行にすぐ流されてしまう人」というような意味があり、英語の「ミー(me)」「ハー(her)」が語源だと思う人もいるだろう。だが、これは純然とした日本語である。

使われ始めたのは昭和初期。その頃は「みいはあ」や「みいはあ族」などと呼ばれていた。もとは、1927年に公開された映画『稚児の剣法』でデビューした二枚目俳優のためにつくられた言葉だ。

俳優の名前は林長二郎（のちの長谷川一夫）。制作会社の松竹は、多くの費用を投入し長二郎を売り出した。その結果、若い女性の間でたちまち人気となり、彼女たちの好きな「みつまめ」と「林長二郎大好き人間」の頭文字から、「ミーハー」という言葉ができたといわれている。

ボイコット
農民と対立したイギリスの貴族の名前が由来

組織の考えや要求を実現させるため、特定の相手に対して不買、拒否、排斥などを行なうのが「ボイコット」。この言葉

は、ある人物の名に由来している。

19世紀のアイルランドで土地の管理人だったイギリス貴族のチャールズ・ボイコット大尉に、小作農の農民らは地代の値下げを要求する。しかし、ボイコット大尉は拒否。そこで農民たちは一致団結し、彼の一家や関係者に対する労働と食料供給を拒否してしまった。

この出来事から、大尉の名をとって排斥運動や拒否運動のことをボイコットというようになった。

また、抗議運動の一つに「ストライキ」があり、こちらは待遇に不満のある水夫たちがロンドンの港で帆を降ろして（to strike the sails = 帆を降ろす）船主に抗議したことに由来する。

拒否運動の語源となった
ボイコット大尉の肖像

デカ　いったい刑事の何がデカいの？

テレビドラマのタイトルにも使われる「刑事（デカ）」。この言葉の由来は明治時代まで遡る。

当時の刑事巡査は警察関係者だとバレないように、制服ではなく私服を着ていた。時代的に和服で、その上には和服用のコート（外套）を着用していた。

このコートは袖が四角かったことから「角袖外套」といわれ、それを着ていた巡査のことを「角袖巡査」や「角袖」と呼んでいた。

　この「角袖（カクソデ）」の文字を並び替えたのが「クソデカ」で、ゴロツキたちの間では、刑事を軽蔑したりバカにしたりしていう呼び方として使った。

　やがて「クソ」が取れ、より短い言葉で定着したのが「デカ」である。

ドサ回り

「ドサ」とは佐渡のことだった！


役者や芸人が地方を回って興行することを「ドサ回り」という。この「ドサ」は、佐渡島の「佐渡」をひっくり返した言葉だとする説がある。

　流人の島だった佐渡だが、良質の金がとれる佐渡金山がある。そこで江戸幕府は人夫を確保するために博打の現場を抑え込み、博徒たちを次々に佐渡へ送る。

　博徒たちの間では、言葉の前後を逆にして隠語にする風習があり、佐渡送りを「ドサ送り」と言い換える。つまり、「佐渡には行きたくない」が「ドサには行きたくない」となる。

　そんな、嫌々辺鄙なところへ連れていかれるさまを、生活のためとはいえ寂れた田舎を興行で回る一座に当てはめ、「ドサ回り」と呼ぶようになったのだ。

四苦八苦

仏教語では人間のあらゆる苦しみのこと

やってはみるものの、大変苦労するこ

とを「四苦八苦」という。「あのトラブルの対処に四苦八苦した」などと使い、「四」と「八」は苦しみの数だと想像できるが、いざ語源を調べてみると苦しみのレベルがすごい。

というのも、四苦八苦は仏教語で「人間のあらゆる苦しみ」を意味する。お釈迦様が仏の悟りを開いたとき、人生の苦しみを四つに大別した。

それが「生苦（生きる苦しみ）」「老苦（老いの苦しみ）」「病苦（病の苦しみ）」「死苦（死の苦しみ）」である。

そこにさらに「愛別離苦（愛する人や物と別れる苦しみ）」「怨憎会苦（会いたくない人や物に会わなければならない苦しみ）」「求不得苦（求めるものが得られない苦しみ）」「五陰盛苦（肉体あるがゆえの苦しみ）」の四つの苦しみ加えたのが「八苦」。

語源を知ると日常の小さな事件で「四苦八苦したよ」と、軽々しく使えなくなってしまいそうだ。

バスター ── 日本人の勘違いから広まった和製英語

バンドをすると見せかけて、ヒッティングに変える打法「バスター」。「バスタード・バント（bastard bunt）」の略とされるが、アメリカでは「スラッシュ・バント（slash bunt）「フェイク・バント（fake bunt）」と呼ばれる。

つまり、バスターは和製英語なのだが、ではなぜこの言葉が生まれたのか？　それは、日本人の勘違いにあった、とする説がある。

ある日本プロ野球の関係者が大リーグを観戦していた時のこと。

試合中、ある選手がバントの構えを変えてヒットを打つ。それを見た関係者のとなりの人が、「バスタード！（なんてヤツ！）」と叫んだ。それを聞いた関係者は、「バントからヒッティングに変える打法のことをバスターと呼ぶ」と勘違いしてしまった。

これがそのまま日本に広まり、現在にいたっているともいわれている。

なお、「bastard」のもともとの意味は、「私生児」や「隠し子」のこと。スラングとしては「いやなヤツ」「クソ野郎」といった、あまり上品とはいえない言葉なので、外国人の前では口にしないほうが賢明だ。

五月晴れ

「貴重な晴れ間」がもともとの意味

「風薫（かぜかお）る季節」といわれ、1年で最も快適とされる5月。昔の呼び方では「皐月（さつき）」だ。そんな季節の「晴れ」だから、すがすがしさを表現した言葉だと捉（とら）えられそうだ。

しかし、本来の「五月晴れ（さつきばれ）」は「貴重な晴れ間」の意味を持つ。

旧暦の皐月（五月）は新暦の6月。梅雨（つゆ）のさかりである。したがって、ほとんどの日が雨であり、久しぶりの晴天は有効に利用したい。そんな考えも五月晴れには含まれている。

同様に「五月雨（さみだれ）」も現在の感覚とは異なる。すなわち、五月雨は「晴天続きの月に、たまに降る雨」という意味ではなく、「降り続く梅雨時の雨」という意味になる。

江戸時代の俳人、松尾芭蕉（まつおばしょう）の「五月雨を集めて早し最上川（もがみがわ）」は、降り続いた梅雨の雨で流れの早くなった最上川の様子を歌った俳句なのだ。

十八番 歌舞伎の市川家とゆかりがある?!

得意なものを指す「十八番」。カラオケなどで、「この曲はオレの十八番」というような使い方をする。

この「十八番」については、「歌舞伎十八番を市川家が秘蔵芸としたことから」「七代目市川団十郎が当たり芸を十八種出したところから」、もしくは「武士が身に着けるべき、刀、弓、柔術（じゅうじゅつ）などの武芸の種類が、全部で18あることから」などの説がある。

また、「十八番」と書いて「おはこ」と読ませるのは、「市川家が秘蔵芸である歌舞伎十八番の台本を箱に入れて保存したから」「歌舞伎の世界では演出などの秘伝書を箱に秘蔵していたから」「箱の中の品が真作であることを示すいわゆる『箱書き』から、すぐれたものと認定された芸の意をこめた」などの説があり、先に「お箱」の言葉があって、そこに「十八番」を当てたものと考えられる

手前味噌 身内自慢を味噌にたとえるわけ

「手前味噌（てまえみそ）」は、自分や自分の身内を自

慢するときに使う。たとえばビジネスでは、上司が「手前味噌ですが」とつけ加えてから、自社スタッフの長所を語ることが多い。

つまり「手前味噌」とは、あからさまな自慢ではなく「自慢になってしまうので申し訳ないのですが」という、謙虚な姿勢が込められているのだ。

この言葉は、まだ各家庭で味噌を作っていた時代、それぞれの家がわが家の味噌の出来栄えを自慢していたことに由来する。

「手前味噌」の「手前」は「手前にある」のではなく「手前（自分）」の意味。「私の自慢のお味噌を食べてみて！」という、ご近所同士の微笑ましい交流から生まれた言葉なのだ。

ゴマをする

べったりとすり鉢につく様子から

部下には偉そうな態度をとるくせに、上司にはこびへつらう中間管理職。どこの会社にも1人はいそうな人物だ。そんな態度や様子を表す言葉が「ゴマをする」。しかし、「ゴマ」と「媚」にはどんな関係があるのか。気になるところだ。

この表現が使われ始めたのは江戸時代後期。ゴマをするという行為ではなく、すったあとのすり鉢の様子から生まれた。

すり鉢でゴマをすると、あちこちにべたべたとくっつく。この、「すり終わったゴマがべたべたとつく様子」から、偉い人に追従したり、べたべたとなついたりする様子を意味するようになったのだ。

舌を巻く

2000年前からすでに使われていた！

「舌を巻く」とは声が出ないほど驚くこと。語源は古代中国の伝承による。

今から2000年以上も前の中国・秦の時代、初代皇帝始皇帝は実用書以外の書物を焼き、儒学者を中心とする思想家たちを生き埋めにした。これを「焚書坑儒」という。

そのため、儒学者は書物を持って遠方へ逃げ、学者も発言を控えたという。これに対し、西暦10年頃の文筆家・楊雄は自身の書物の中で、「談ぜんと欲するものは舌を巻いて固くす」と批判。権力に圧倒されて声も出せない様子が、「舌巻」という言葉になる。

これが日本に伝わり、「舌を巻く」という表現になる。伝承した時代は不明だが、江戸時代の浄瑠璃『用明天皇職人鏡』には「浦人ども舌を巻き、坊主もどきのせがらイヤこいつ只者ならず」のセリフがあるので、少なくとも300年前には使われていたと考えられる。

でくのぼう

「でく」とは操り人形のこと

「役に立たない人」を意味する「でくのぼう」。最近はあまり耳にしないが、昔の職人の世界では、見習いを「この、でくのぼうが！」と言って叱っていたという。完全なパワハラである。

でくのぼうは「木偶の坊」と書き、「木偶」とは操り人形のこと。平安時代に現れた「傀儡子（くぐつし）」は、人形を操って人に見せ生計を立てる芸能集団だった。この傀儡子が操る人形を木偶だ。

木偶は傀儡子によって命があるように動くが、木偶自体が何かをするわけではない。やがて、指示を受けないと自分から動こうとしない人を木偶に例えるようになり、「坊」をつけて木偶の坊となったのだ。

二枚目 イケメンをこう呼ぶわけ

最近は「イケメン」に押されがちだが、かつては顔立ちのいい男性を「二枚目」と称していた。この二枚目は、歌舞伎を由来とする言葉である。

歌舞伎の興行では、芝居小屋にかける看板の順番が決まっていて、一枚目は主役、二枚目は色事を担当する色男の役者の名前を上げた。

ここから色男が「二枚目」と呼ばれるようになったのだ。

ちなみに一座の代表的な役者を「一枚看板」というのも同じ理由であり、「三枚目」は笑いを担当するお調子者。決して「ブ男」ではないが、二枚目との比較で現在のような意味で使われるようになったと考えられる。

また、「ハンサム」は英語の「handsom」から。語尾に「som」のつく単語は「〜しやすい」という意味を持つので、ハンサムは「手で扱いやすい」となる。つまり、「イケメンは女性を手で扱いやすい」ということだ。失礼な話ではある。

元の木阿弥

木阿弥は実在した影武者のことだった！

せっかく良い状態になっていたのに、再び元の状態に戻ることを「元の木阿弥」という。この「木阿弥」は戦国時代に活躍した武将・筒井順昭の影武者の名である。

大和国筒井城主の筒井順昭は、28歳で不治の病にかかってしまう。しかし、嫡子の藤勝（順慶）はまだ3歳。まさに弱肉強食の戦国時代において、お家の一大事である。

そこで順昭は、自分の影武者を立てることにした。白羽の矢が立ったのが、筒井順昭に姿や声が似ていた盲目の法師「木阿弥」。木阿弥は順昭の死後、立派に影武者の役割を果たした。

しかし息子の藤勝が育ち、城主になると、影武者は不要となり、木阿弥はただの僧侶に戻ることに。

ここから「元の木阿弥」は「一度良くなったことが元に戻る」ことを表すようになったのだ。

張本人

「張・本人」ではありません

何か悪さが発覚したとき「あいつが張本人だ！」と、その首謀者が発信源を限定することがある。しかしそこで一つの疑問が。いったい、なぜ「張」が頭につくのだろう？

実は「張・本人」ではなく「張本」が一つのグループなのである。

まず「張」とは、弓や琴などの弦を緩まないよう、引っ張り締めること。そして「本」は根本のこと。

この二つが組み合わさった「張本」は、それを引き起こす中心、「元締め」というような意味を持つのだ。

てんてこ舞い

いったいどんな舞いなのか？

休む暇もなく、忙しく動き回ることを「てんてこ舞い」という。字を見ればわかるようにこれは「てんてこ」と「舞い」という言葉がつながった言葉だ。だが、「舞い」はともかく、「てんてこ」はどこから来たのだろうか。

この「てんてこ」は祭りから由来していると言われ、祭囃子などで使われる小太鼓(だいこ)の音からつけられたというもの。

小太鼓の速いリズムに合わせる舞いが慌ただしいことから、「忙しい」「慌ただしい」という言葉になったという。もう一つは、祭囃子の音を表した「てん」に、先頭に立って山車(だし)を誘導する「手古舞(てこまい)」が合わさったという説がある。

オタク

蔑称扱いだったはずが今やマニアの意味に

もともとは東京・山の手の言葉である「御宅様」を、1980年代に入ってアニメやゲームなどのファンが二人称として使い始めた「オタク」。

やがて、相手のことをオタクと呼ぶ人たちの呼称となるが、定義づけたのは評論家である中森明夫(なかもりあきお)だ。

中森は『漫画ブリッコ』（白夜書房）で1983年6月号から連載していたコラム「『おたく』の研究」で、「コミックマーケット」に集まる集団を「この頃やたら目につく世紀末的ウジャウジャウジャネクラマニア少年達」とか「友達に『おたくらさぁ』なんて呼びかけてるのってキモイと思わない？」などと評し、彼らを『おたく』と命名する」と記載。

当初は蔑称だったものが、2000年代に入ると次第に一般化し、マニアの意味で用いられるようになったのである。

ドラ息子 「ドラ」にまつわる二つの由来

怠け者で遊んでばかりいる金持ちの息子のことを「ドラ息子」という。この「どら」は、「道楽息子」が訛ったものであるという説、さらには「野良」から由来するという説もある。

「野良」とは、なまける、放蕩するという意味で、野良犬、野良猫などという言葉に使われている。

さらに放蕩っぷりを強調したい場合「野良」を「ドラ」と表現する例があり、サザエさんの歌にもあるが「ドラ猫」と言ったりもする。

「ドラ息子」の「ドラ」はまさに同様。特に働くわけでもなく、フラフラとうろついている息子をこう呼ぶようになったのだ。

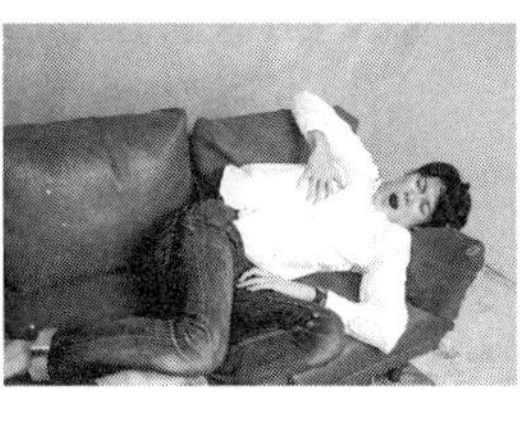

板につく

板前の「板」ではない!

職人や芸人の世界では「お前も板についてきたなぁ」とほめられることがある。この「板につく」の板は、「板前」の板だと勘違いしている人が多いが、調理ではなく役者の世界から生まれた言葉だ。

この場合の板は、芝居の板敷き舞台のこと。初心者の役者は足の踏み方や手の動かし方がぎこちなく、浮いて見えてしまう。しかし、経験を重ねると芝居がしっくりと落ち着いてきて、舞台上で浮くこともなくなる。

そんな「しっかりと舞台を踏みしめて芝居をする様子」を、「板についた」という言葉で表現しているのだ。

お転婆

子どもなのになぜおばあちゃん?!

お転婆(てんば)とは向こう見ずで元気な女の子ことをいい、現在ならさしずめ「ギャル」といったところだろうか。

だが、字だけを見ると「転がるお婆さん」。元気が有り余って転がってしまう様子は理解できるが、「婆」という字には違和感がある。

そんなお転婆の語源には三つの説がある。一つはオランダ語で「馴らすことができない」を意味する「オンテンバール(ontembaar)」からとする説。

二つ目は、若い女性の歩く様子を「てばてば」と表し、そこから転訛したとする説だ。

三つ目は、公用の人や荷物を運ぶために乗り継ぐ馬を「伝馬」といい、この馬は一般の「駄賃馬」よりも勢いが良かった。この伝馬が変化したという説である。

じゃじゃ馬
坪内逍遥の翻訳によって現在の意味に

お転婆に似た言葉に「じゃじゃ馬」がある。もともとは、その言葉通り馬に使われていた表現で、調教ができないほど暴れる馬を意味していた。

この「じゃじゃ」というユニークな言葉は「いやじゃ、いやじゃ」を短縮したもの。

つまり、「いやじゃいやじゃと足踏みする馬」が、そもそも「じゃじゃ馬」の語源なのである。

これが「気の強い女性」を指すようになったのは、明治時代の小説家・翻訳家である坪内逍遥（つぼうちしょうよう）が、シェイクスピアの名作『The Taming of the Shrew』を『ぢゃぢゃ馬馴らし』と訳したのがきっかけという説が有力だ。

土左衛門（どざえもん）
水死体のことをなぜこう呼ぶ？

「土左衛門」とは水死体を指す言葉で、男性だけでなく女性の遺体にも使われる。時代劇では奉行所役人の与力が、むしろにくるまれた土左衛門を検分するシーンもよく見られる。

この土左衛門は江戸時代半ばの実在の人物で、職業は力士。フルネームを成瀬川土左衛門という。

成瀬川は力士の中でも特に肥満体質で、しかも色白——というよりも青白い肌の色をしていたという。

水死体は体内に水分を吸収するので、長く放置しておくと風船のように身体が膨張する。そんな姿を、江戸の人々は「まるで土左衛門のようだ」と言い、いつしか水死体＝土左衛門ということになってしまったのだ。

キツネの嫁入り
天気雨をキツネにたとえたわけ

空には日が照っているのに、なぜか雨が降る現象を「キツネの嫁入り」という。この言葉はもともと、夜に灯(あか)りが提灯(ちょうちん)行列のように並んでいる光景を指した表現だった。

昔は夜に提灯行列などがあると、大抵が他の土地からやって来る嫁入りの行列だった。しかし近所で嫁入りなどがあると、村人たちは事前にそのことを知っている。

つまり、予定にない提灯行列は、キツネが嫁入りの真似をして人を化かしていると考えたのだ。

このように、怪奇現象のほとんどをキツネやタヌキといった動物の仕業(しわざ)とし、天気雨もキツネのせいにする。雨を降らして人間を家に戻し、その間に嫁入り行列を済ませるためとの言い伝えも残る。

天気雨自体は、遠くで降った雨が風に流されてきた、もしくは雨が落ちる前に雲が消えてしまったなどの原因が考えられる。

ウドの大木
成長したウドが食べられないことから

若葉、つぼみ、芽、茎が食用になり、独特の歯ごたえのある「ウド」。酢みそあえや天ぷらなど、山菜料理の食材として人気が高い。

だがウドがおいしいのは春の間だけで、夏になると食用にはできなくなる。茎は柔らかく木材としても使えない。そのような理由から、大木になるほど成長したのに、デカいばかりで何の役にも立たないたとえとして、「ウドの大木」という言葉が生まれた。

ただ、ウドは多年草なので、どんなに成長しても木にはならない。ただ、1メートルから2メートルの高さになることがあり、大木とまではいかないが人の背丈程度にまでは成長するようだ。

沽券にかかわる
そもそも沽券とは何なのか

「沽券にかかわる」の意味は「プライドや評判に障ること」なのだが、気になるのが「沽券」という聞きなれない言葉。これは、実は土地や家屋などの財産売買の際、売主から買主に与える「売り渡し証文」のことだ。

江戸時代は地所や屋敷がこの沽券によって売買されていた。今でいう「権利書」である。そもそも江戸時代の庶民は、その7割が借地の長屋暮らしと言われていた。そんな中で、土地の権利書を持っているということは、それだけでステータスだったのだ。

ここから、人の値打ちやプライドにかかわることを「沽券にかかわる」と言うようになったのである。

こけら落とし

記念すべき日に何を落としていた？

新たに建てられた劇場で初めて行なわれる催しのことを「こけら落とし」という。しかし、記念すべき日に「落とす」という字が入っているのはなぜなのか？

そもそも、古くは劇場の屋根をこけら葺きにしており、その表面を覆っているものを削ぎ落とすことを「こく」と言った。屋根や足場には、この薄く削ぎ落とされた木のくずが残っている。それをすべて払い落としたとき、劇場は「完成」し、公演を始めることができたのだ。

これが「こけら落とし」という言葉の由来である。

この言葉は、昭和初期から文献にすでに登場するので、演劇界ではそれ以前から使われていたと思われる。

おシャカになる

職人の言葉遊びから生まれた表現

せっかく作ったものがダメになる。そんなとき、「おシャカになった」ということがある。「シャカ」は仏教の始祖であるお釈迦様のこと。だからといって、ダメになったものが成仏して仏様になったわけではない。

江戸時代、職人が金属を溶接するときに火が強すぎて失敗し、「火が強かった」

というところを「シガツヨカノタ」という言い回しからきたという説がある。江戸っ子は「ひ」を「し」という癖があるため、このような言い方になったのだ。

これが「シガツ・ヨッカ・タ」、つまり「4月8日」のお釈迦様の誕生日であるところから、「オシャカになった」と言い換えたというわけなのだ。

金字塔　実はピラミッドのことを意味していた

類まれなる記録を達成したとき、「金字塔を打ち立てた」という表現で称賛することがある。この「金字塔」とはエジプトのピラミッドのことで、正面から見た形が「金」の字に似ていることからそのように呼ばれるようになった。

金字塔という言葉は、明治時代の1886年、思想家で評論家の徳富蘇峰の文章に出てくる。

飛行機も飛んでいない時代に、遠く離れたエジプトの情報をどうやって手に入れたのか？　と不思議に思う人もいるだろうが、幕末の1864年、江戸幕府の遣欧使節団がエジプトに立ち寄った記録が残されている。

しかも彼らはスフィンクスの前で記念写真まで撮っている。日本にすでに、ピラミッドに関する情報が流入していたとしても何もおかしくはない。

たわけ者　田を分ける人が愚か者だって?!

「このたわけ者！」は、言うまでもなく

「バカ者・愚か者」という意味だが、実は財産分与からきている言葉。漢字で書くと「田分け」だ。

鎌倉時代は、子孫に田畑を分割して相続するのが一般的だった。ところが、このやり方だと、孫や曾孫（ひまご）の代に受け継がれていくうちに、どんどん田んぼの面積は狭くなり、家系が衰退する。このような分割相続を、愚かな政策としてバカにしてできた言葉なのだ。

時は足利幕府になり、足利尊氏は、分割相続された田畑をもう一度本家に寄せ集め、一つの家の財産とした。これを「田寄り」といい「頼り」の語源となっている。

ただ、ご存じの通り、現在の日本は分割相続制である。これが「たわけ」かどうかは、判断に迷うところではある。

ボウズ
1匹も魚が釣れないのをなぜこうたとえた？

僧侶のことではなく、魚が1匹も釣れなかったことを指す「ボウズ」。「オデコ」ともいう。その由来は、お坊さんの頭である。「毛が無い＝魚っ気がない」に通じることから、こう言ったという。

他にも釣り用語として、目的とした種類以外に釣れてくる魚のことを「外道（げどう）」といい、仏教において、仏道を内道、それ以外の教えを外道と呼ぶことに起因している。

「バラス」は、一度針にかかった魚を取り逃がしてしまうこと。

「オマツリ」は、釣り人同士の仕掛けが

絡んでしまうことで、解くために大変な騒ぎになる様子からこう言われるようになった。

ブランコ
外来語と思いきやれっきとした日本語

子どもの遊具として人気の「ブランコ」だが、これは英語でも和製英語でもなくれっきとした日本語。語源については、擬態語の「ぶらり」「ぶらん」などから来たとする説や、ポルトガル語で英語のバランスと同意の「balanço（バランソ）」からなどの説がある。

ブランコが中国から日本へ伝わったのは、意外と古く平安時代のこと。

漢詩集の『経国集』に「ゆさはり」というブランコが登場し、平安時代中期の辞書『倭名類聚抄』にも記述がある。中国の「鞦韆」が「ぶらんこ」と呼ばれるようになったのは江戸時代だとされる。

その中国では冬至から１０５日目を「寒食節」と呼び、火を使わずに冷たい食事をする習慣があり、ブランコはその日に行われる遊びだった。

このことから、ブランコは春の季語になっている。

お年玉
もともとお餅を意味する言葉

子どもたちにとっての正月の楽しみといえば、何といってもお年玉。年末が近くなると、「お年玉で何を買おうか」「今年はいくらもらえるんだろうか」と、あれこれ考えを巡らせるものだ。だが、お年玉は現金ではなく、もともとは餅を配る風習だった。

そもそも正月は、「歳神様」を家に招いてもてなす日とされた。自宅を訪れた歳神様は依り代である鏡餅と同じく、餅玉に依りつく。

すると、歳神様の「御魂」が餅玉に宿り、その年の魂となる「年魂」となる。これを家長が家族に「御年魂」「御年玉」として分け与えたのだ。

この餅玉を食べるための料理が「雑煮」で、餅を食べることによって体に魂を取り込んだのだ。

みかじめ料

「みかじめ」が意味するものとは

暴力団が飲食店などに、用心棒代などとして要求する「みかじめ料」。単純に金銭だけを徴収するのではなく、おしぼり代や観葉植物代という名目で請求するパターンもある。

みかじめの語源には、「毎月3日に取り立てる（3日締め）」「要求してから3日以内に払わないと締め上げる」「管理・監督を意味する『見ヶ〆』から」などの諸説がある。

なお、暴力団が脅しや暴力で金銭を要求すれば刑法の「恐喝罪」及び「脅迫未遂罪」のほか、暴力団対策法、暴力団排除条例によって処罰される。また東京都の暴力団排除条例では銀座、新宿、池袋など29の繁華街において、みかじめ料を払った飲食店などにも罰則が設けられている。

風呂敷 本当に風呂で使われていた！

1枚の布だけで包装し、手軽に荷物を持ち運べる「風呂敷」。風呂の字が当てられているから、銭湯用具を包んで持ち運んでいた？　とも思うが、その考えはあながち間違いでもない。

風呂敷が普及したのは室町時代のこと。当時の風呂は蒸し風呂のようなもので、薬草をくすぶらせた上に座わり、床には「すのこ」などが敷かれていた。しかし、直接すのこの上に座るのは熱いため、布を敷いて座る。これが「風呂敷」の始まりだ。

江戸時代に入って銭湯が普及すると、脱いだ衣類を包んだり、その上で着替えたりするのに用いられる。

やがて風呂だけでなく、旅行などで荷物を運ぶときにも使う機会がどんどん増えていった。

呼び名も風呂に敷く布で包むことから、「風呂敷包み」「風呂敷」となる。そして、日常的に荷物を包んで運ぶ布として、使われるようになっていったのだ。

ビー玉 言葉の由来は「B玉」か「ビードロ」か

小さなガラス玉の「ビー玉」は「B玉」が名前の由来だとする説がある。それによると、ラムネの栓として作られたガラス玉は、大きさや形などによって規格に合致した「A玉」と規格外の「B玉」に分けられ、B玉は玩具として利用されるようになったというものだ。

だが、この説には異論があり、そもそも明治時代から昭和初期にかけて、ガラス玉を目視で検品するのは難しく、多少形が変わってもラムネには口ゴムがあるので支障は出ないとの意見もある。

現在、最も有力なのは、ポルトガル語でガラスを意味する「ビードロ」の玉からきたという説で、多くの辞書や辞典では、この説を採用している。

ラムネ

レモネードが訛ってそう呼ばれるように

独特のフォルムをもった瓶に充填され、ビー玉で栓をした炭酸飲料水が「ラムネ」だ。日本への上陸は明治初期で、1872年に日本人への製造許可が下りている。

ラムネという名は、イギリス人が口にした「レモネード」が転訛したことに由来する。瓶の形とビー玉による栓は、1872年にイギリス人のハイラム・コッドがアメリカ特許を取得したものが元になっていて、英語では「コッドネックボトル」と呼ばれる。

近年はガラス瓶ではなく、ペットボトルに詰められたラムネも販売され、イチゴ味やメロン味も売り出されている。また2007年からは、ワサビ風味、カレー風味のラムネ、たこ焼風味などの変わり種も登場した。

やかん

最初は薬を煎じるための道具だった

やかんは漢字で「薬缶」と書く。やか

んはすでに鎌倉時代からあったようで、漢方などの薬を煎じるための薬罐という、やかんの語源となる道具が登場。素焼き土器で造られていたが、やがて注ぎ口と持ち手がついた形が定着していった。

次第に「茶」が嗜好品として浸透し始めると、熱湯に茶葉を入れてエキスを抽出する「急須」がワンクッションおくようになり、江戸時代には、やかんは湯を沸かす専用の道具となった。当時は「湯缶」とも呼ばれていたようだ。

カンカン帽

「カンカン」とはどういう意味？

ムギワラ帽の一種で、てっぺんが平たい形になっている「カンカン帽」。この名前の「カンカン」という言葉は、水兵や船の漕ぎ手たちのために作られたことに由来している。

彼らは仕事柄、常に海や川の水しぶきに晒される。そこで、かぶる帽子の素材も固くプレスし、わらをニスで塗り固め、耐久性をアップさせた。

日本でも明治の末から流行し、この固く加工した素材が「叩くとまるでカンカンと音が鳴るようだ」ということから名づけられたのである。

やじろべえ

『東海道中膝栗毛』の弥次さんがモデル？

長い両腕の先に錘がついていて、真ん中の1本足の人形が、ゆらゆらとバランスを取る「やじろべえ人形」。

危なっかしいことこの上ない、この玩

具のモデルは『東海道中膝栗毛』の主人公、「弥次さん」こと弥次郎兵衛という説がある。

相棒の喜多八とともに、江戸からお伊勢参りの旅をする話だが、喜多八はツッコミ担当。

弥次郎兵衛はいわゆる「ボケ」で、その滑稽なエピソードや、担ぎ棒にくくった荷物を抱えヨロヨロと歩く姿から、この名前がついたとされる。

リーゼント

後頭部がロンドンにある道に似ていることから

前髪を高く盛り上げてひさしを作り、両横の髪を後方に流してなでつけた「リーゼント」。日本では１９６０年代のロカビリー全盛期や80年代のホコ天ローラーたちが好んだ髪形だ。

リーゼントスタイルの代表的存在であるエルビス・プレスリー

髪形の名前は、ロンドンのウエストエンドにある「リーゼント・ストリート」に由来する。リーゼント・ストリートは、左右二手に分かれて膨らみ、再度合流して1本の道になる。

この形が両サイドの髪を撫でつけて、後頭部で「Ｉ」の字に合わせた髪形に似ていることから名づけられたとする説が有力だ。

また、盛り上げた前髪をポンパドールといい、それまでのリーゼントと組み合わせたのがエルビス・プレスリーである。

だが、面倒な後頭部の整髪は廃(すた)れていき、リーゼントといえば、前髪ばかりが特徴的な髪形に変化していったのだ。

ゴーゴー　アメリカ発祥なのにフランス語由来の言葉

1960〜70年代を舞台にしたドラマや映画で、若者たちが集う場所として描かれる「ゴーゴー喫茶(きっさ)」。原色のストロボ照明とミラーボールの中、ベルボトムのジーンズやミニスカートを履(は)いた者たちが長髪を振り乱して踊る姿は、当時の不良の象徴でもあった。

この「ゴーゴー」の名は、フランス語の「à gogo」に由来するとされる。「à gogo」には「好きなだけ」あるいは「非常に活発な」の意味があり、決まった形がなく、自由に体を揺らすだけのダンスだった。

ゴーゴーの起源はカリフォルニア州ウエスト・ハリウッドのナイトクラブ「ウイスキー・ア・ゴーゴー」とされ、ミニスカートに膝(ひざ)辺りまでのゴーゴーブーツを履いて踊る「ゴーゴーダンサー」が人気となり、ニューヨークの「エレクトリック・サーカス」はゴーゴーのメッカとして有名だった。

こっくりさん　「こっくり」とは何のこと？

占いの一種で、狐の霊を呼び出す降霊

術ともいわれる「こっくりさん」。１９７０年代に起きたオカルトブームによって大流行し、特に若い女性たちが夢中になった。だが、その発祥は古く、明治時代の１８８４年。静岡県下田沖で難破したアメリカ船の乗組員が、交霊術の「テーブル・ターンニング」を地元の人に教え、そこから全国に広まっていったという説がある。

そのときに名づけられたのがこっくりさんで、漢字では「狐狗狸さん」と書かれた。不思議な現象は、キツネやタヌキの仕業と考えられたことで当て字されたのだろう。

こっくりさんの現象はさまざまな方法で検証され、参加者の潜在意識が反映され無自覚に指が硬貨を動かすという説、もしくは参加者が「霊に憑依された」と自己暗示にかかる説などがある。これが複数人集まることで、同様の精神的変化が伝染し、集団ヒステリーが起こるという見方もある。

6章
話のネタにもってこい！驚きの事実を秘めた言葉

◆例えば「ちちんぷいぷい」は見事なオナラの音?!

大河ドラマ

最初にこう表現したのはNHKではなかった

NHKで日曜日20時に放送される「大河ドラマ」。記念すべき第1作は1963年の『花の生涯』だが、当時は「大型時代劇」という名称だった。

それを「大河ドラマ」と最初に表現したのは読売新聞。

第2作の『赤穂浪士』放送直前に、読売新聞が『花の生涯』と『赤穂浪士』の二つについて、時代背景とともに社会の流れを描く「大河小説」というジャンルになぞらえ、「大河ドラマ」と書いたのだ。それが一般的に浸透していった。

しかし、NHKが公式で「大河ドラマ」と表記したのは、そこから15年後のことである。シリーズ15周年記念番組のタイトルに「大河ドラマの15年」とつけたのが最初となった。

オープニングタイトルに「大河ドラマ」と表記されたのは意外に最近で、2004年の『新選組！』からである。

紅白歌合戦

「赤」ではなく「紅」の理由とは

年の締めくくりの恒例番組といえばNHKの『紅白歌合戦』。しかしなぜ「赤」ではなく「紅」なのだろう?

もともと中国では「赤」は「裸・むき出し」という意味。それに比べ「紅」は「寵児」など縁起のよい意味があった。日本でもやはり古くから、色の「赤白」とは別に「紅白」という言葉は「おめでたい兆し」という特別な意味が浸透していた。さらに「紅」は紅花の異名で、奈良時代の歌集『万葉集』では女性を表す言葉として使われている。

そこで、大晦日という年の区切りの番組『紅白歌合戦』では、祝いの儀式など「ハレの日」の意味も込め、女性歌手チームを「紅」組としているのである。

パラリンピック　昔と今では「パラ」の意味が違うって?!

世界最高峰の障がい者スポーツ大会であり、トップアスリートが競う世界的なイベント「パラリンピック」。1948年、ロンドン郊外のストーク・マンデビル病院で、第二次世界大戦で負傷した兵士16人でアーチェリー大会を開催したことが始まりとされている。

「パラリンピック」という呼び方が正式名称になったのは意外に最近で、1988年のソウル大会からである。

当初は「Paraplegia（対まひ者）」のオリンピックという発想で「Paralympic」とつけられた。しかしその解釈が時代にそぐわなくなり、現在ではギリシャ語の「Para（沿う、平行）」という意味合いに変化している。

パリコレ　本場でこの名は使われていない！

ファッションの都パリで、著名デザイナーやブランドが、新作を発表する「パリコレクション」。日本でも「パリコレ」の通称でおなじみであり、モデルの夢の舞台となっている。

しかし、実は「パリコレクション」は存在しない。パリコレを運営する仏オートクチュール・プレタポルテ連合協会の事務局長は、一度もこの呼び方をしたことがないと語っている。

ならば正式名称は何かというと、単に「ファッションウイーク」と呼ばれているようだ。しかし、「コレクション」という名は日本では「一流のファッションショー」として意味合いを持つようになり、「東京ガールズコレクション」「神戸コレクション」など多く使われている。

鉛筆のH・B どうしてこの対比なのか?

鉛筆の「H・B」の記号。これはご存じの通り、芯（しん）の濃さと硬さを表すものだ。HはHARD（硬い）という意味、BはBLACK（黒い）を意味する。Hの数字が多いほど薄く硬い芯、Bの数字が多いほど濃く柔らかい芯となる。しかし、ここでシンプルな疑問が浮かぶ。「HARD」という表記があるのに、なぜ「SOFT」のSではないのか。

実は19世紀までは、いろんな表記が混在しており、Sもあったらしい。そんななか、ロンドンの「ブルックマン」という鉛筆製造業者が、画家が好む濃さの鉛筆をB、製図者が好む硬さの鉛筆をHと

グループ分けをした。

これで、ジャンルによって求める濃さや硬さのニーズがわかりやすくなり、一般的に浸透したという。

リカちゃん人形
意外に細かい設定があった！

世代を超えて愛される着せ替え人形、タカラトミーの「リカちゃん人形」。誕生は1967年、フルネームは「香山リカ」である。

「香山」という名字は、当時の映画『若大将シリーズ』で大人気だった俳優、加山雄三（かやまゆうぞう）の「カヤマ」の読みと、同じく人気女優だった香山美子（かやまよしこ）の「香山」の漢字を合わせたもの。

「リカ」という名は、日本人にも外国人にも通用する響きということで、社内で決まったという。

ちなみに、リカちゃんの父方の祖父母はアルベールとエレーヌ、母方の祖父母は浩と洋子、パパはピエール、ママは織江、双子の妹はミキとマキ、三つ子の赤ちゃんはかこ、みく、げん。意外に大家族なのである。

くわばらくわばら
「くわばら」とは何のことか

災難が降りかからないよう唱えるおまじない「くわばら、くわばら」。昔は雷除けのおまじないだったが、次第に嫌なことなど、全体的な災いを避ける意味合いに変わってきた。

漢字で書くと「桑原、桑原」。ある伝承

には、農夫が雷神から「桑の木が嫌いなので、桑原、桑原と唱えるならば落ちない」と聞き、雷に遭ったら桑畑などに逃げ込んだとある。

また、平安時代に濡れ衣を着せられて左遷され、非業の死を遂げた菅原道真の祟りともいわれる雷が、京の都に何度も落ちたが、一か所だけ「桑原」という地には雷が落ちなかったことが由来、という説もある。

あんぽんたん

効き目がゆっくりの薬の名前からきていた

「バカ」や「アホ」を、愛情を込め、ユーモラスに表現した言葉「あんぽんたん」。

国学者・喜多村節信が江戸後期に記した風俗百科事典『嬉遊笑覧』では、この言葉は１７６３年に大流行したとされている。

その語源は、薬の名前からきたというのが有力だ。「陀羅助」という、とても緩やかな効き目の薬があったが、「だらすけ」はもともと「愚か者」という意味もあった。そこで「阿呆」という言葉と、薬の名前と合体させ、当時万能薬として重宝された伊勢の「萬金丹」風にした。その言葉こそ「安本丹」だったという。

ちなみに、富山には「越中富山の反魂丹　鼻くそ丸めて萬金丹　それを呑む奴アンポンタン」という歌がある。

これは、伊勢の萬金丹に比べ、富山の反魂丹の知名度がなかなか上がらないことから、薬屋が一計を案じて作った歌なのだそうだ。

ちんぷんかんぷん

言葉どおり起源もはっきりしない

「ちんぷんかんぷん」は、話を聞いても、いまひとつ内容がわからないときに使う言葉だ。しかし、そもそも「ちんぷんかんぷん」という言葉自体の語源も、はっきりしない。

漢字表記も「珍糞漢糞」「珍粉漢粉」「珍紛漢紛」「陳奮翰奮」といろいろだ。

江戸時代、中国語を理解できなかった日本人が、中国語が「ちんぷんかんぷん」に聞こえ、その口真似をしたことから広まったという説、また、儒学者が難しい漢語を使い話すのを冷やかして、この言葉を言ったという説もある。

他に中国語で「見ても聞いてもわからない」を意味する「聴不看不（テンプゥカンプゥ）」から進化したという説もある。いずれにしても、中国語にまつわる言葉ではあるようだ。

ちちんぷいぷい

由来は見事なおならの音だった?!

最近ではあまり聞かなくなったが、「ちちんぷいぷい」は子どもが病気やケガをしてしまったときに慰(なぐさ)めるおまじないの言葉だ。

この言葉の語源は諸説あり、一つは徳川三代将軍家光(いえみつ)の乳母だった春日局(かすがのつぼね)が、幼少の家光にかけていた「知仁武勇は御代の御宝（知恵と人徳、そして武勇は将軍家の宝ですよ）」という言葉が進化したというもの。

また、仏教用語の「ちちんぷいぷい七里結界」（四方七里に邪を寄せつけない結界を張る）が語源という説もある。

意外なところでは、『遠野物語』で有名な民俗学者の柳田國男による説。日本各地に屁の音を自在に操り、その見事さで世の中を上手に生き抜く「屁こき爺」という民話があるが、その中で特に見事な音が「ちちんぷいぷい」で、これが語源というものだ。

どれが本当かは謎だが、確かに聞くだけで楽しい気分になる響きである。

アブラカダブラ 医療用のまじないだったって？

世界で愛されるファンタジー小説『ハリー・ポッター』でもおなじみの呪文、「アバダ・ケダブラ」。

小説では「息絶えよ」という意味で使われているが、実はその元ネタは「アブラカダブラ」とされている。その言葉の起源をたどると、「息絶えよ」どころか、命を救うための医療用の言葉だったのだ。

「アブラカダブラ」という不思議な響きは、地球や人類を創生した最高神アブラクサスが由来とする説や、アラム語の医療呪術用語「アバッダケダブラ」が由来とする説など諸説ある。

この言葉が登場した最古の記録は、3世紀のローマの医者クィントゥス・セレヌス・サンモニクスが記した『Liber Medicinalis』。マラリアから身を守るため、この言葉を書いて身につけたり、玄関に貼ったりしたとされる。

今でこそ病気は科学で治せるが、昔はまじないや呪術が、立派な医療法として使われていたのだ。

ドナドナ　ユダヤ人迫害を憂い作られた歌だった

市場へ売られていくかわいそうな子牛の様子を歌った歌『ドナドナ』。原曲は『Dona Dona』で、中東欧ユダヤ文化の歌である。

この歌は1938年、アメリカに住むユダヤ人、アーロン・ゼイトリンとショロム・セクンダが、ミュージカル用に作ったものだ。

当時、ドイツはナチスの支配下にあり、ユダヤ人迫害が激化。アメリカには多くのユダヤ人が移り住んでいたが、故郷のそんな状況を憂(うれ)い、歌や劇で訴える独自のコミュニティを作った。『ドナドナ』はそこから生まれた歌の一つだった。

子牛は強制収容所に連れて行かれるユダヤ人を表したもの、という説もある。「ドナ」の語源は諸説あるが、ユダヤ教の神「アドナイ」を、ナチスに知られないため短縮したものというのが有力だ。

エロイムエッサイム　意味がわからないように作った？

「エロイムエッサイム　我は求め訴えたり」

オカルト色の強い映画などで、悪魔を召喚(しょうかん)する呪文として有名だ。これは中世後期から19世紀までヨーロッパで流布したグリモア（魔術の手引書）の一つ、

「The Black Pullet（黒い雌鳥、黒い若鶏）」に登場したものだとされている。

「エロイム」は唯一神ヤハウェを意味し、「エッサイム」は古代イスラエルの王ダビデの父であるエッサイの複数形、またはヘブライ語で「悪魔」という説もある。

しかし、まじないや魔術的な呪文は、あえて「意味がわからない」ように作られていることが多く、この言葉も何も意味を持たないという解釈もある。

トラトラトラ

動物の「トラ」かと思いきや…


太平洋戦争の開始を告げる真珠湾攻撃。この際、「我、奇襲ニ成功セリ」を知らせる暗号電文が「トラトラトラ」だ。しかし、なぜ「トラ」だったのか。

「虎」「寅」と関連づけられがちだが、実はトラの「ト」は、モールス信号の「ト連送」で「全軍突撃せよ」を意味する。

ハワイ奇襲攻撃作戦の間だけ、使用する通信略語は「ト」の次に「ム・ラ・サ・キ（紫）」をつけた「トム」「トラ」「トサ」「トキ」の四つが作られた。

その中で「奇襲成功」の意味が当てはめられたのが「トラ」だった。それが、真珠湾攻撃の成功と「虎」の猛々しい意味がリンクし、さまざまな解釈が広まったようだ。

エバンジェリスト

某大ヒットアニメと同じ由来！

IT活用が経営戦略において重要になってきた昨今、業界における新しい職種として注目されているのが「エバンジェリスト」。最新のテクノロジーやITにおけるトレンドを、わかりやすく伝えていくのが主な役割だ。

この職種が生まれたのは、1980年代頃。1984年、アップル社はマッキントッシュを世に送り出したのだが同時に「家庭用パソコン」の重要性をアピールする必要があった。そこで「テクニカルエバンジェリスト」というポストを設置し、パソコンの導入を啓蒙する専門的役割を担わせたのが最初だ。

この「エバンジェリスト」という言葉の語源は、キリスト教における伝道者の「エバァンゲリスト（福音主義者）」から。ちなみに、大ヒットアニメ『エヴァンゲリオン』の語源も「福音」という意味である。

ホラント

オランダを現在こう呼ばないわけ

「ホラント」と聞いて、何を指すのかすぐわかる人は少ないだろう。ホラントとは、少し前まで「ネザーランズ」とともに使われていた、オランダの通称である。

オランダの正式国名は「ザ・ネザーランズ（the Netherlands）」。それが日本語で「オランダ」と呼ばれるようになったのは、戦国時代、ポルトガル宣教師によって「ホラント（Holanda）」の表記で伝わったからである。

ただ、ホラントとは12州あるうちの首都アムステルダムを含む北ホラント州とロッテルダムを含む南ホラント州の二つを指すにすぎない。

それでも19世紀は、この地域が国の経済に大きく貢献していたから、それでよかった。しかし時代は変わり、国の価値を全体的に広めるため、ホラントの表記は2020年1月1日に削除されている。

日本では「オランダ」で定着しているため、ネザーランズに変更されることはなく、オランダのままである。

ジャパン 日本はなぜ海外でこう呼ばれるのか?

現地語ではない言語で呼ばれる国の呼称を「エクソニム（外名）」という。例えば、ドイツの人は自分の国を「ドイチュラント（Deutschland）」と言うし、フランスでは「アルマーニュ（Allemagne）」、イタリアでは「ゲルマニア（Germania）」と呼ぶ。国によって呼び方が全然違うことがわかる。

日本も正式国名は「ニッポン／ニホン」だ。しかし海外では「ジャパン」「ジャポン」という呼ばれ方がほとんどである。

これは、室町時代から江戸時代、日本と交易が盛んだったポルトガルでの呼び名がそのまま残ったとされている。語源は、13世紀イタリアの探検家であるマルコ・ポーロが記した『東方見聞録』の「ジパング」と紹介したのが訛ったのが由来という説が根強い。

アラン・スミシー 映画監督の身バレ回避の応急措置だった!

アメリカ映画で、アラン・スミシーと

いう映画監督による作品を観たことがあるだろうか。あるなら、ある意味ラッキーだ。というのも、これは架空の映画監督の名前だからだ。

映画では、作品の評価の責任を受ける存在として監督名のクレジットが義務づけられている。が、映画製作中に監督が降板したり、どうしても「実名を出すのがイヤだ！」と監督がゴネた場合、この名が使われるのである。

最初にアラン・スミシーの名が使われたのは1968年に公開された『夏の日にさよなら』だ。ところが、使用されていくうちにだんだん「アラン・スミシーは架空の名前」であることが世間に知られてきたため、1999年以降は使用中止となっている。

コサック・ママーイ
モノの擬人化の先駆け的存在

『艦隊これくしょん（艦これ）』や『刀剣乱舞』に見られるように、艦隊や日本刀などアイテムが擬人化された作品が花盛りだ。その中に、第一次世界大戦、第二次世界大戦を背景に国や国民性を擬人化した『ヘタリア』という作品もある。

実はこの「国家を擬人化する」手法は古くはローマ時代から行なわれているのだ。その一つが「コサック・ママーイ」。これは東ヨーロッパ

にある「ウクライナ」の擬人化だ。

コサックはウクライナの土地に住んでいた騎馬民族で、「自由人」「放浪者」のイメージが強い。その中でも理想形が「コサック・ママーイ」という守り神で、これが国の象徴として18世紀から20世紀にかけて神聖視されたのだ。

ウクライナの楽器であるバンドゥーラを演奏している姿で描かれるのが王道だ。

ジョン・ブル　イギリスといえば…が凝縮された人物像

「ジョン・ブル」とは、典型的なイギリス人のことを指す、いわば「イギリスのあだ名」だ。イラストでは、小太りのビール腹で帽子をかぶり、ユニオンジャック柄の服を着て、片手にはステッキを持つ姿が描かれる。

これは、作家アーバスノットが1712年に発表した寓話『ジョン・ブル物語』が由来しているとされる。この主人公の商人「ジョン・ブル」はやさしく正直で常識人。「家でビールを1杯飲む」というアットホームな平和を求める、庶民的な男性として描かれている。

その後、これが主に新聞の風刺画(ふうしが)などに使われることになり、海を渡り、アメリカの風刺漫画家トーマス・ナストが取り上げたことで、「イギリスの擬人化」として定着した。

マリアンヌ　フランスの象徴といえばこの女性

ジョン・ブルがイギリスなら、自由と

共和政を表すフリジア帽を被った女性「マリアンヌ」はフランスの擬人化である。このマリアンヌを取り上げた絵画は多いが、フランス革命を題材にしたウジェーヌ・ドラクロワの代表作『民衆を導く自由の女神―１８３０年７月28日』が有名だ。

象徴としてのマリアンヌが登場したのは、フランス革命の真っ只中の１７９２年秋。南フランスで作られた革命歌『マリアンヌの回復』が最初といわれている。

しかしなぜ「マリアンヌ」という名がついたのかは謎のまま。当時、フランスで多く使われていた女性の名がマリアンヌで、自然とその名で呼ばれるようになったともいう。

今もなお共和制及び自由の象徴として広く親しまれ、硬貨や切手、大使館のロゴマークなどにも使われている。

アンクル・サム

ジョン・ブルに対抗して生まれたキャラ

アンクル・サムはアメリカ人の愛国心を象徴するキャラクターだ。星条旗柄のシルクハットを被り、紺のジャケットに紅白縞のズボンというでたちだ。

アンクル・サム誕生のきっかけは、１８１２年から起こった「アメリカ＝イギリス戦争」。イギリスの象徴「ジョン・ブル」に対抗してアメリカで生みだされた。名前の由来は、アメリカの「United States」の頭文字をもじったものといわれている。

アンクル・サムが登場するまでは、アメリカの象徴として「ブラザー・ジョナサン」という別のキャラクターがいたが、次第に二つの特徴が混ざりアンクル・サムに吸収された。

初期のアンクル・サムは髭が生えていないが、南北戦争の後、エイブラハム・リンカーン大統領を意識したような髭がつけられ、今の特徴にいたる。

ユカワ　湯川秀樹にちなんだ○○の名称

物理学の分野では、大きな功績を残したその学者の名前が、単位や物質の名前としてつけられることがある。力の単位のニュートンは、万有引力を発見したアイザック・ニュートンから、電流の強さの単位のアンペア（アンペール）はフランスの物理学者アンドレ・マリー・アンペールの名を取っている。

そして、日本人にもその名が単位についている人がいる。１９４９年、日本人初のノーベル物理学賞を受賞した湯川秀樹。「yukawa」は長さの単位だ。1ミクロンの１０００分の1が1ナノメートル、1ナノメートルの１０００分の1が1ピコメートル。1ピコメートルの１０００分の1が1フェムトメートルだが、この1フェムトメートルの別名が「yukawa」だ。ただ、現在ではyukawaは使われず、フェムトメートルが使われている。

7章

食卓が盛り上がる！あの料理名・食品名の謎

◆例えば「グラタン」という呼び名の由来は？

ハヤシライス

ハヤシさんが初めて作ったメニュー？

カレーともシチューとも違う不思議なメニュー「ハヤシライス」。人の名字のようだが、実際、二つの人名由来説がある。一つは「丸善」創業者の早矢仕有的氏が考案した「早矢仕ライス」が評判を呼び、「ハヤシライス」となったという説。

もう一つは創業明治5年の西洋料理店「上野精養軒」が発祥説。宮内省の料理人が「グヤーシュ」という料理を考案し、それが上野精養軒の「林」というコックに伝わり、ハヤシライスと呼ばれるようになったというものだ。

他にも肉と野菜のコマ切れを煮込んだイギリス料理「ハッシュドビーフ」が訛ったもの、「流行りのライス」が訛って「ハヤシライス」となった説など諸説あり、どれが本当かは定かではない。

ナポリタン

トマトソースのパスタは何でも〝ナポリ風〟だった

パスタにケチャップを加えて炒めるというシンプルな味わいの「ナポリタン」。イタリアではなく日本発祥の料理であることは有名な話で、戦後、横浜のホテルニューグランドで誕生した。

当時、ホテルは連合国軍総司令部（GHQ）将校の宿舎として使われていた。将校たちは軍食用として持ち込んだパスタとケチャップを和えたものを、好んで食べていたという。

これをホテルの二代目総料理長だった

入江茂忠氏が、栄養価を考えてトマトソースや野菜を加え、ホテルに出せるメニューに仕上げたのだった。

　ナポリタンという名称の由来は、そもそもトマトソースを使ったパスタはすべて「ナポリ風」と呼ばれており、そこからついたというのが有力だ。

カレー ― 「スパイスで煮込んだソース」が有力な説

　小さな子どもから大人まで、日本で最も愛されているメニューといっても過言ではない「カレーライス」。カレーの語源は諸説あるが、有力なのは、インド南部の方言であるタミル語で、スパイスで具材を煮込んだソースを意味する「カリ（Kari）」が訛(なま)ったというものだ。

　その他にも、ヒンズー語で「おいしいもの」という意味を持つ「ターカリー（Turcarri）」が「ターリ」になり、さらに「カレー」に転じたという説がある。

　カレーが日本に伝わったのは明治時代。当時の『西洋料理指南』という料理本に紹介されたカレーの作り方には、材料として、カエルや長ネギを使用すると書かれている。今のカレーとは別物だったようだ。

ハンバーグ ― アメリカではなくハンブルク発祥の料理だった

　ひき肉とみじん切りにした野菜を混ぜて焼いたハンバーグ。ハンバーガーからの連想でアメリカ発祥の料理と思いきや、名前の由来はドイツの港町「ハンブルク」

だという。ドイツといえば、たしかにソーセージなど、ひき肉料理が好んで食べられる国である。

18世紀頃、ハンブルクの船乗りや労働者たちは生肉を細かく切り、香辛料やタマネギなどの野菜を混ぜた「タルタルステーキ」を好んで食べていた。

この料理がアメリカに伝わった際、ハンブルクから伝わった料理ということで「ハンブルク風ステーキ」と呼ばれるようになる。

これが日本に伝わり、「ハンバーグ」という言い方になったのだ。

サニーレタス　偶然通った日産の車がまさかの由来！

赤紫(あかむらさき)色をした葉先が特徴のサニーレタスは、成長しても球状にならない「葉レタス」で、レストランやカフェなどでもよく使われるおなじみの西洋野菜だ。しかし、日本で広まったのは意外と遅く昭和40年代後半のこと。それまではグリーンの丸いレタスが主流だった。

赤い葉先から「レッドリーフレタス」という名で売り出す予定だったが、「語呂(ごろ)がよくない」と料理研究家の江上(えがみ)トミ氏に反対されてしまう。何か他にいい名前は、と考えあぐねるレタス開発者の前に、赤い車が通り過ぎた。

それは当時の人気大衆車「日産サニー」。サニーには「太陽の輝き」という意味もあり、まさに新しいレタスにピッタリということで、「サニーレタス」と名づけられたのだった。

カラザ
「殻座」はたんなる当て字

卵を割った際に、黄身についている白い紐状(ひもじょう)もの。「なんとなく気持ちが悪い」と、箸(はし)でよける人もいるかもしれない。が、実は白身の中心に黄身を安定させるという重要な役割を持つもので、しかも栄養も豊富。食べたほうが体にいいのである。

名前は「カラザ」といい、語源は、ギリシア語で霰(あられ)や雹(ひょう)を意味する「Chalaza」、もしくは塊を意味する「Khalaza」といわれている。漢字の「殻座」は当て字だが「黄身を安定させる」という意味もなんとなく通じるので、覚えやすいだろう。

ハイボール
鉄道と縁のある名前だった

ウイスキーを炭酸で割った「ハイボール」。この名前の語源として挙げられるのは、イギリスのバーテンダー養成所で教えられているのは、「アメリカの鉄道の信号機」説だ。

19世紀初め、開拓時代のアメリカでは、列車の出発進行の合図を送ることを「ハイ・ボール」と呼んでいた。セントルイスの駅で、この合図を送る駅員がウイスキーのソーダ割りをよく飲んでいて、この名が広まったというものである。

その他、スコットランドのゴルフ場でウイスキーのソーダ割りを飲んでいた人のところに、高々と打ち上げられたゴルフのボールが飛び込んできた。そこから「ハイボール」と名づけられたというユニークな説もある。

ビスケット 保存食として二度焼きしていたことから

クッキーとビスケットとサブレ。どれも焼き菓子だが、日本に伝わってきた経路はすべて違う。クッキーはイギリスから、サブレはフランスから、そしてビスケットはアメリカから伝わってきた。

ビスケットは小麦粉、油脂（ゆし）、糖類、食塩などを原材料として焼いたお菓子のことを指す。が、そもそもパンの仲間で、名前の由来はラテン語の「ビスコクトゥス・パーニス（二度焼かれたパン）」から。

これが縮まって「ビスケット」と呼ばれ、広まったとされている。ヨーロッパでは、古代から航海や遠征に行く際、パンをさらに日持ちをよくするために乾燥させて、もう一度焼いたのだ。つまり、ビスケットは「保存食」としての必要性から誕生したのである。

エクレア フランス語で「雷」を意味するって⁉

シュークリームを細長くして、その表面にチョコレートをかけた「エクレア」。19世紀にフランスのパティシエ、アントナン・カレームが考案したもので、語源はフランス語の「エクレール」から。これは日本語で「雷」「稲妻」を意味する。

なぜ、甘いお菓子と似合わないこの言葉がついたのか？　それには三つの説がある。

一つ目は生地を焼いたとき、表面にできるヒビが稲妻に似ているから。二つ目は、上にかけたチョコレートが、稲妻のように光るから。三つ目は、食べるときにクリームが飛び出さないよう、稲妻の如く早く食べなければならないから、というものだ。

エクレアの前身は、細長いパンの横に果物のマーマレードやジュレを詰めたお菓子だったが、そのときの名は「パン・ア・ラ・デュシェス（パンの侯爵夫人）」。名前がこのままだったら言いにくくて、エクレアほど愛されていなかったかもしれない。

泡盛

江戸時代から使われていた名称

沖縄を代表するお酒の「泡盛」は、古くから「サキ（酒）」という名で親しまれていた。また、渡来酒にちなんで「南蛮酒」とも呼ばれていた。

江戸幕府への献上品にも用いられ、初期は「焼酎」とも表記されていたという。それが泡盛という名前で初めて目録に登場したのは１６７１年のこと。琉球王国の尚貞王から４代将軍徳川家綱への献上品目録に「泡盛」と記録されている。

泡盛の語源は、昔、蒸留仕立ての酒は、茶碗やお猪口に注いだときの泡の盛り上がりで度数を決めていた。この方法を「アームイ」と呼び、ここから名づけられたという。また、古代インド語で「酒」を意味する「アワムリ」からきたという説もある。

ベーグル

鐙＝ビューゲルに似せて作られたという説が有力

もっちりとした触感で腹持ちもいいベーグルパン。卵や牛乳、バターなどの動物性食品を使わずヘルシーなので、女性に大人気だ。ところが、このベーグルの発祥は謎に包まれている。

17世紀のオスマントルコとハプスブルク家の戦争の勝利記念に、地元のパン屋が馬具の一種である「鐙（あぶみ）」に似せてパンを作った。

ドイツ語で鐙のことを「ビューゲル(Bugel)」と呼んでおり、これが広まっていくうちに、「ベーグル」になったという説が有力である。が、世界各地にベーグルに似たパンが多く存在し、断定はなかなか難しいようだ。

助六寿司

歌舞伎演目の美男美女が由来

巻き寿司といなり寿司のセット「助六（すけろく）弁当（べんとう）」。この助六というのは、歌舞伎の演目『助六由縁江戸桜（すけろくゆかりのえどざくら）』が由来である。

主人公は、江戸紫（えどむらさき）のハチマキがトレードマークの粋（いき）な男、助六。恋人は揚巻（あげまき）という名の花魁（おいらん）。まさに江戸のベストカップルの2人である。ここから、巻き寿司を助六、揚巻をいなり寿司に見立てて、このセットを「助六」と呼ぶようになったそうだ。

カップルなのに、男性の名前だけが弁当につけられているのも、当時の日本の世相を感じる。

なお、『助六由縁江戸桜』は3時間以上ある長い演目で、幕間（芝居と芝居の間の休憩時間）でお客が軽食を取れるよう巻き寿司といなり寿司のセットが売られたため「助六」と名づけられたという説もある。

モンブラン　栗がのったケーキをどうしてこう呼ぶ？

秋のケーキといえば、まず頭に浮かぶのがモンブラン。カップケーキの土台があり、栗のクリームを細く絞って、上にちょこんと栗の甘露煮がのっているイメージだ。

実は、日本で最初にモンブランを作った洋菓子店の名も「モンブラン」。これは、創業者の迫田千万億氏が渡欧した際、フランスとイタリアの国境に位置するヨーロッパアルプスの最高峰「モンブラン」に大感動。自分の店を開く際、この名前をつけたという。

さらに渡欧の際に知ったケーキの「モンブラン」を店の看板メニューとしてアレンジ。新たにできた栗のケーキにも、この名をつけたのだ。

迫田氏は店名を商標登録していたが、ケーキの名前は登録

していなかった。そのため、モンブランはさまざまな店で、栗のケーキの通名として広がっていったのである。

ホルモン 内臓全般を「ホルモン」と呼ぶわけ

焼肉やお鍋でおなじみのホルモン料理。ホルモンは牛や豚などの内臓を指し、関東では「もつ」ともいわれる。決して一般的ではなかったが、内臓料理自体は明治期からあった。

１９２０年代には、すっぽん料理など精力が増進する料理も含め「ホルモン料理」の店が登場。１９３０年代には大衆にも広まっていたのである。

１９３６年頃には、大阪の西洋料理店「北極星」で牛の内臓を使ったフランス風の洋食を「ホルモン料理」として提供し、「北ホルモン」の名で商標登録を取っている。

メニュー名を「ホルモン」としたのは、「内臓」とつけると印象が良くないためで、動物の生理物質の総称を表す英語「Hormone」からつけたという。

フィナンシェ 菓子名に「お金持ち」とつけた意図とは

フランス生まれのバターケーキ「フィナンシェ」。少し厚みのある長方形で、一口で食べられるくらいの上品な大きさが特徴だ。この「フィナンシェ」、フランス語で「金融家」「お金持ち」という意味がある。

19世紀、金融街で働く金融マンたちが、

背広を汚さず食すことができ、さらには縁起の良い金塊（きんかい）・金の延（の）べ棒（ぼう）をイメージさせることから、パリの菓子職人が作ったという。

ちなみに、貝の形をしたバターケーキ「マドレーヌ」と似ているが、使われている材料が違う。

フィナンシェは卵白だけを使用したのに対し、マドレーヌは黄身も卵白も両方使うのでカロリーもマドレーヌのほうが高いのだ。

マドレーヌの語源はシンプルで、18世紀、マドレーヌという女性が考案したのが由来である。

コブサラダ　「コブ」には大事なメッセージが隠されていた

日本ではあまり一般的ではないが、アメリカではワンプレートメニューとして大人気の「コブサラダ」。語源は、ロバート・コブという、サラダを考案した人物から取られている。

しかし、それだけではないのがコブサラダの面白いところ。コブサラダはさまざまな具材をお好みで入れることができるが「絶対外してはいけない7種類の具」も存在する。

それは、固ゆで卵・アボカド・トマト・鶏または七面鳥の胸肉・タマネギ・カリカリベーコン・ブルーチーズ。その頭文字（Egg・Avocado・Tomato・Chicken・

Onion・Becon・BlueCheese）の頭文字を並べると「EAT COBB」になる。

「コブ」には「この7種類は絶対忘れないように入れて食べて」というメッセージも込められているのだ。

ドリア　実は日本発祥の料理だった！

バターライスの上に、ホワイトソースをかけて焼いた「ドリア」。

ドリアは日本で生まれたメニューだが、考案したのはパリから招かれたスイス人のシェフ、サリー・ワイル氏。１９２７年から、横浜ホテルニューグランドで総料理長を務めていた人物である。

あるとき、体調の悪い客から「のどごしのいい料理」を求められ、ワイル氏はフランスの古典料理で、今のシーフードドリアに近い内容の「トゥールヴィル」をアレンジし、提供した。

トゥールヴィルという料理名は、17世紀に活躍したフランス海軍提督のトゥールヴィル伯爵の名をとってつけられたものだった。

それをさらにアレンジした料理ということで、ワイル氏は15世紀頃に活躍したジェノバの海軍提督アンドレア・ドーリアの名前を当て「ドリア」とつけたのだという。何とも洒落たネーミングセンスである。

カルパッチョ　料理人ではなく画家が名前の由来

日本では、魚の刺身や野菜にオリーブ

オイルを垂らした料理、というイメージが強い「カルパッチョ」。しかし、本場イタリアでは、生の牛肉を薄切りにして、そこにチーズか白いソースをかけた料理のことを呼ぶ。

この語源は、15〜16世紀に活躍したヴェネツィア出身の画家、ヴィットーレ・カルパッチョが由来。

ただ諸説あり、カルパッチョ自身が薄切りの生肉にチーズをかけた料理が好きだった、というもの。

カルパッチョは独特の赤色を基調とする作風で、それが生の牛肉の色合いと似ていることからつけられた、というもの。

また、カルパッチョ生誕500年回顧展中に、有名レストランシェフがカルパッチョの作品をイメージして考案した、という三つが言い伝えられている。

ホットドッグ　〝熱い犬〟とはこれいかに？

フランクフルトをパンに挟んだ「ホットドッグ」。「ホット」はまだ理解できるにしても、なぜ「ドッグ（犬）」の名がついているのか？

由来を辿っていくと、行きつくのが1860年代のアメリカ。この頃からドイツ人が「フランクフルター」という長いソーセージを売り始めた。

しかし、ソーセージは熱く、手で直接持てないので、パンに挟んで売っていた。ある日、漫画家のタッド・ドーガン氏は、野球場でこれを見つける。

そのとき、茶色く細長い見た目から、

このソーセージには「ダックスフントソーセージ」という商品名がつけられていたのだ。

さっそく自身の新聞連載漫画にこれを描いたのはいいが、「ダックスフント」のスペルがわからず、「ホットドッグ」と書いてしまい、そのまま、この名前で広く認知されていった。

がんもどき

鳥のガンとの接点はあるか

おでんの中に入っている、豆腐を揚げた「がんもどき」。姿も名前もどことなく地味だが、由来を探っていくと、とても風流である。

もともとは、肉が食べられない僧侶のために作られたものだったという。しかも、歯ごたえだけでも肉に似たものが欲しい、ということでコンニャクが使われたそうだ。

その、コンニャクに煮汁がしみた味が、鳥のガンの肉に似ていることから「雁(がん)擬(もどき)」の名がついたという。

江戸時代にはコンニャクから、豆腐を丸くして、人参、れんこん、ひじき、きくらげなどを入れ、包み揚げる形に変化。その表面がまた「月を背に渡り鳥が飛んでいるように見える」ということで、この名前が広く知られるようになったという説が有力だ。

海苔

粘り気のある性質を表現した名前だった

海の苔(こけ)と書いて「のり」。その存在は、すでに縄文時代からあったとされる。古代の人々にとって海辺の貝類や海藻（かいそう）は重要な食料だった。

海苔もその一つだが、当然ながら現代のように長方形に加工されておらず、粘（ねば）りのある藻（も）だった。

この「ぬらぬらしたもの」という響きが進化して、「のり」という名前がついたようだ。

文献に登場するのもかなり古く、700年頃に記された『常陸風土記（ひたちふどき）』では、ヤマトタケルが霞ケ浦（かすみがうら）を訪れる場面で、その名が出てくる。そこには「古老の曰（い）へらく、倭武の天皇　海辺に巡り幸（いでま）して乗浜（のりのはま）に行き至りましき。時に浜浦（はま）の上に多（さは）に海苔〔俗（くにひと）、乃理（のり）と云ふ〕を乾せりき」と記述されている。

トロ
古くは「腐った状態」を表す語だった

寿司ネタの王者「トロ」はマグロの中でも高級なイメージがあり、トロリとした触感がたまらない。

トロの語源は諸説あるが、大正時代、この「トロリととろける食感」から、寿司屋の常連がつけたのが広まったというのが有力だ。

昔はこの食感が「身が古く腐りかけている」と思われおり、江戸時代まではトロの部分は捨てられていたというから驚きだ。

『古事記（こじき）』では黄泉（よみ）の国へ行ったイザナギの腐りかけた体を「とろとろ」と表現しており、これが腐った触感の食べ物を指す語源となった。これがのちにマグロのトロにつながったという説もある。

クロワッサン 三日月の形に秘められたパン屋の大手柄

クロワッサンのルーツは1683年、ウィーンがトルコ軍（オスマン帝国）に包囲された「第二次ウィーン包囲」にある。このとき、ウィーンには1万6000の軍隊と6000人の市民しかいなかったが、トルコ軍を見事撃退。

勝利のきっかけは、パン屋がトルコ軍の侵入にいち早く気づいたことと伝わっている。

その勝利への貢献を記念し、トルコ軍の国旗に記されている三日月をパンにして食べて祝った。

このパンはオーストリアで三日月を意味する「キッフェルン」と呼ばれ、親しまれるようになったのである。

18世紀には、マリーアントワネット専属のパン職人が、フランスでこのキッフェルンをバターたっぷりにアレンジして作った。

これがフランス語で三日月を意味する「クロワッサン」と呼ばれ、世界中に広まったとされる。

ジャガイモ 「ジャガ」は何を意味している？

野菜の中でも調理のバリエーションが多い芋類。サツマイモや長芋は名前の由来がわかりやすいが、気になるのが「ジャガイモ」だ。「ジャガ」はどこから来たのだろう。

ジャガイモが日本に伝わったのは、安土桃山時代の1598年。オランダ人が長崎に持ち込んだ。

当時オランダはスペインと独立戦争を戦い、独立宣言を行なって間もなかった。そこで、スペイン・ポルトガルに対抗してアジア貿易への進出を目指し、拠点をジャワ島のジャカルタに置いた。

そこで「ジャカルタから来た芋」ということで、「ジャガタラ芋」と呼ばれ、それが「ジャガイモ」と呼ばれるようになったという。

ちなみに日本では「馬鈴薯（ばれいしょ）」とも呼ばれており、農林水産省をはじめ行政や生産分野では、こちらの呼び方が一般的に使われている。

バッテラ
お寿司なのになぜカタカナ名なのか

酢で締めた塩鯖（しおさば）の押し寿司「バッテラ」。関西地方ではよく知られたメニューだ。しかし「バッテラ」というカタカナの名前は寿司らしくなく、日本語としてもちょっと珍しい響きである。

それもそのはず、バッテラはポルトガル語が語源。小舟を意味する「バッテイラ（Bateira）」と呼ばれていた。

バッテラの始まりは明治時代中期に、大阪湾でコノシロが豊漁となったときだ。

ある寿司店が、安く大量に手に入れたコノシロを開いて酢でしめ、寿司めしを詰めた料理を作った。その形が小舟に似ていたのだ。

その後、コノシロよりも漁獲量が安定した鯖が使用されるようになり、今の形になっている。

グラタン フランス語で「ひっかく」という名にされたわけ

とても凝った料理の印象がある「グラタン」。しかし実はこれ、失敗から偶然誕生したメニューなのである。

フランス南部のサヴォワ・ドーフィネ地方で、あるフランス人がチーズの焼き料理を焦がしてしまった。

しかし、鍋にこびりついたチーズのお焦げを食べたらおいしかった。これが郷土料理として広まったという。

「グラタン」という名称は、「引っかく」という意味のフランス語「グラッター（Gratter）」が発展したもの。焦げたチーズをカリカリと引っかき、口に運ぶ姿が目に見えるようである。

19世紀以降には、料理の表面に焦げ目をつける調理法とできあがった料理そのものを「グラタン」と呼ぶようになった。何事も、失敗は成功のもとである。

ちゃんぽん 中華料理店で生まれたポルトガル語の料理！

「ちゃんぽん」とはポルトガル語で「混ぜる」という意味の言葉だ。よく酒の席などで「日本酒とワインをちゃんぽんすると悪酔いする」などと使われる。

「ちゃんぽん麺」もコシのある麺にたくさんの具がのっているので、「ごちゃまぜにする」という意味でこの名前がついたという説がある。

また、中国・福建省の方言で「簡単なご飯」を意味する喰飯が訛ったという説もある。

ちゃんぽんが誕生したのは明治時代で、長崎の中華料理店「四海樓」の創業者が、貧しい中国人留学生のために考案したのが始まりといわれている。

1907年に出版された『長崎縣紀要』には「チヤポン（書生の好物）」と題し、「市内十数箇所あり。多くは支那人の製する饂飩に牛豚鶏肉葱等を雑ゆ故に其濃厚過ぐれば慣れざるものは、厭味を感ずれども。書生は概して之を好めり」と記されている。

メロンパン　発祥・名称すべてが謎だって?!

フワフワのパンに、サクッとした舌触りのメレンゲがかかっているメロンパン。けれど、メロンの味はしないし、果汁が入っているわけでもない……。

実はメロンパンの由来や語源は、謎に包まれている。

「焼いたときにできるヒビ割れが、なんとなくメロンに似ているから」「上にかかっているメレンゲが訛ってメロンになった」という説はあるものの、本当かどうかは定かではない。

関西では丸い形が太陽を連想するとし

て「サンライズ」と呼ぶ地方もある。こちらのほうがシンプルでわかりやすい。

誕生も明治から大正時代といわれているが、帝国ホテル発祥説、駒込(こまごめ)のパン屋説、メキシコの「コンチャ」というパンから発展した説と多数。

甘くておいしいが、その中身は意外にミステリアスなのだ。

サンドイッチ 古代ローマ時代からあったがこの名がついたのは18世紀

パンに肉や野菜などを挟んだサンドイッチ。この「パンに食材を挟んで食べる」メニュー自体は古代ローマ時代の資料にも記述が残っているが、その頃はまだ名前がなかった。

サンドイッチと名がついたのは、18世紀のイギリス。

カードゲームが大好きで、食事をする時間も惜(お)しんだジョン・モンタギュー第4代サンドイッチ伯爵が「ゲームをしながら食べられるもの」として作ってもらったのが始まりといわれている。お行儀的には、あまりよいとは言えない由来である。

もう一説には、多忙なサンドイッチ伯爵が仕事をしながらでも手軽に食べられるメニューとして気に入っていたという説もある。

パフェ 「完璧なデザート」という意味から

見た目、量、そして味、どれも満足できるデザートといえば、一番に挙がるであろう「パフェ」。

語源もそのまま、フランス語で「完全な」という意味の「パルフェ（parfait）」だ。これが英語圏に渡り「パフェ」と呼ばれるようになり、現在にいたる。

英語の「パーフェクトアイスクリーム」を縮めた説もあるが、どっちにしても「アイスクリームを基本にした完璧なデザート」として認知されていることは間違いなさそうだ。

同じく、アイスクリームや果物を使用したデザートに「サンデー」があるが、こちらは、日曜礼拝の前、牧師がアイスクリームにチェリーの砂糖煮をかけたことが由来とされている。

ただ、パフェとの差ははっきりと定義づけられていない。器の高さやボリュームの違いで差別化している店が多いようである。

ケチャップ　ケチャップのルーツは中国にあった！

「ケチャップ」のルーツはアメリカだろうと思いきや、意外にも古代中国だといわれている。

魚介類を発酵させた「ケ・ツィアプ」という調味料がそれで、これが17世紀頃の東西貿易でヨーロッパに伝わっていったのだ。そして、イギリス人の目に触れ、英語で「ケチャップ」と呼ばれるようになっていく。

が、イギリスでは、しばらく「ケチャップ」といえばマッシュルームベースの調味料だったようで、トマトを使ったケチャップが作られるようになったのは18世紀初頭のアメリカ。

ハインツ社が「トマトケチャップ」と名前をつけ、これが大ヒットしたことで「ケチャップはトマトソースの調味料」というイメージが定着したのである。

羊羹 どうして名前に「羊」がいるのか

ご進物などにもよく使われる羊羹。小豆を煮て砂糖を加えた餡を寒天で固めた和菓子として有名だが、なぜ名前に「羊」が入っているのだろうか。

和菓子の代表というイメージがある羊羹だが、その発祥は中国で、羊肉を使ったスープだったのだ。

これが鎌倉時代から室町時代にかけて日本に伝わった。中国に留学した禅僧が「点心」と呼ばれる、食事と食事の間にとる小食として日本に伝えたのだ。

しかし、日本の禅宗では肉食が禁止されていた。そこで羊肉の代わりに、小豆を使用して作られるようになる。

やがて、ここに甘みがプラスされ、お菓子に変わっていったのだった。

マヨネーズ その発祥地を巡り譲らない三つの国とは

食用油・酢・卵を主原料とした「マヨネーズ」。この万能なソースが誕生した国はどこか。

実は、今なお熱い論争が繰り広げられているのだ。まずはそのいきさつを追ってみよう。

18世紀半ば、フランス軍は、当時イギリス領だったメノルカ島（スペイン）を攻撃していた。指揮を執っていたリシュリュー公爵は港町のマオンで空腹を満たすことにしたが、そこで出された肉料理にかかっていたのが、新鮮な卵とオイル・レモン果汁で作ったソース。

これを気に入った公爵はフランスに持ち帰った。名前の由来は「港町マオンのソース」で、これがマオンネーズ、マヨネーズと変化したという。

ということで、もともとはスペインのメノルカ島の郷土料理。しかし当時はイギリス領であり、広めたのはフランス人の侯爵。したがって、マヨネーズ発祥地問題は三つの国は互いに譲らず、難しいところなのである。

コロッケ　日本のコロッケは「亜種」だって?!

外はサクサク、中はホクホクのジャガイモ料理「コロッケ」は、老若男女に好かれる人気メニューだ。

ルーツを辿るとフランス料理の「クロケット」に行きつく。クロケットというのはベシャメルソースを包んで揚げた、いわゆるクリームコロッケ。

その語源はフランス語で、衣を噛んだ音を表現する「クロック」からという説、スポーツの道具の「クリケット」の道具の先に

似ているという説がある。

これがオランダを経由し「コロッケ」になり、日本に伝わったのが明治時代。1887年の文献には「コロッケ」という名前が初めて登場する。

しかし当時の日本ではまだ、乳製品の加工技術が発達していなかった。そのためベシャメルソースの代わりにジャガイモが代用され、これが定番になったのだった。

時雨煮 風流なネーミングの裏に文化人あり

魚介類や牛肉の佃煮(つくだに)にショウガを加えた料理「しぐれ煮」。

漢字では「時雨」と書くが、これは、さまざまな風味が口の中を通り過ぎることを時雨に例えたという説がある。他方、昔は「時雨煮」といえば、ハマグリのしぐれ煮のことを指しており、ハマグリが最もおいしくなる10月は時雨の降る季節だったことが由来という説もある。

なんとも風流なネーミングだが、それもそのはず、この名には歌人・俳人が関わったとされるのだ。

こちらも説は二つあり、江戸初期の歌人である烏丸光広卿(からすまるみつひろきょう)が七里の渡し(桑名(くわな))の船待の際、桑名名物のハマグリでハマグリ煮を作り、これが好評だったことからハマグリのおいしい10月、11月にちなんで「時雨煮」と名づけたというもの。

　もう一つは、江戸時代中期の俳人で、松尾芭蕉（まつおばしょう）の高弟子の一人である各務支考（かがみしこう）がハマグリ業者から命名を頼まれ、名づけたという説がある。

ところてん　「心太」と字を当てるのはなぜ？

　つるんとした喉（のど）ごしが特徴の、ヘルシー食材「ところてん」。その歴史は古く、6世紀に仏教の伝来とともに、精進料理の一つとして製造法が日本に伝わってきたとされる。

　それにしても「とろこてん」に「心太」という不思議な漢字を当てるのはなぜか。それはもともと、漢字通り「心太（こころぶと）」と呼ばれていたからだ。

　まず、原料である海藻のテングサの煮（に）凝（こ）らせたものが「凝海藻（こるもは）」と呼ばれていた。ところてんは、さらにこれを、天突きという器具でにゅるにゅると太麺のように長く押し出す。

　この完成品に、「凝海藻」の「凝る」を語源とする「心」を当て、「太い海藻」という意味を加え「心太」と呼ぶようになった。

　この「こころぶと」が時代とともに、一部音読みになるなど変化し「ところてん」に変化したとされている。

ラーメン　室町時代には原型がすでにあった

　北京の麺文化では「引き延ばして作る麺」のことを「ラーミェン」と呼んでい

た。これが「らあめん」と変化し、現在の「ラーメン」になったものといわれている。

ラーメンの原型となる中華麺が日本にやってきたのは、室町時代の１４８５年。当時の僧侶が記したとされる『蔭凉軒日録（いんりょうけんにちろく）』に「経帯麺」という、現代のラーメンのレシピと似た中華麺について記されている。

しかし一般に普及するまでにはいたっておらず、大衆に好まれるくらいに広まったのは明治時代である。

開港により外国人の移住者が増え、同時に横浜を中心に中国料理屋が続々と開店。それによりラーメンも人々に知られていったのだ。

ただ、当時はまだ「支那（しな）そば」「南京そば」と呼ばれていた。

戦後はさらに「中華そば」と変わり、そこからインスタントラーメンの人気も追い風となり、「ラーメン」に統一されていったのである。

金平糖
織田信長が感動したポルトガル由来のお菓子

まるで星が手に落ちてきたような、愛らしい形の「金平糖（こんぺいとう）」。皇室の引き出物にも利用されている、日本を代表する美しい菓子である。

これは１５４６年にカステラやボーロとともにポルトガルから伝わった。日本で初めて口にしたのは織田信長だとされる。宣教師からの献上品の一つで、信長はその形と味に感動したというエピソードも残っている。

語源は、ポルトガル語の「コンフェイト(confeito)」。これは「砂糖菓子」「球状の菓子」という意味である。金平糖という漢字は当て字で、金米糖、金餅糖、糖花とも表記される。

非常食としても人気で、日本陸軍も戦闘糧食として携帯したという。

蒲焼
その姿が「蒲の穂」に似ていたことから

うなぎは日本ではとてもなじみの深い食べ物である。新石器時代から食べられていたことで知られ、古くは713年の『風土記』にも登場する。

調理法は今とは異なるが「蒲焼」という言葉は、室町時代である1399年の『鈴鹿家記』に登場している。うなぎをそのままぶつ切りにし、串に刺して焼くその形が「蒲(「かま」とも)の穂」に似ていたことから「蒲焼」と名がついたという説が有力だ。

江戸初期になると、うなぎの身を開いて串に刺して焼く調理方法に変わったが、「蒲焼」という名前はそのまま残り定着した。

また、焼いたときの匂いが「香ばしい」ことから「かんばや」「香疾」「蒲焼」と進化したという説もある。

かやくごはん
「火薬」ではなく「加薬」が語源！

「かやくご飯」はなぜ「かやく」と言うの？ という問い以前に、そもそも「かやくご飯」という言葉自体を聞いたことがない人もいるかもしれない。

というのも、この呼び名は関西の一部限定だからだ。

かやくご飯は「五目ご飯」のことであり、「かやく」は漢字で「加薬」と書く。昔、漢方の効果を増すために、主成分に足した補助薬のことを「加薬」と呼んでいたのだ。そこから、料理に加える薬味のことも同様に「加薬」と呼ばれるようになった。

大阪は特に薬問屋が多かったので、この言葉が一般にも浸透していた。ご飯も旬の野菜の残りや出汁(だし)を加えて炊けば、栄養価を高められる。

そこで、炊き込みご飯を「かやくご飯」と呼ぶようになったのである。

幕の内弁当　「幕の内」とは何を指すか

俵形(たわらがた)のおにぎりと、色とりどりのおかず。これが詰められた「幕の内弁当」は、お弁当の定番だ。このお弁当の原型は、一つひとつの膳(ぜん)に料理を載せた武家のおもてなし料理「本膳(ほんぜん)料理」。これが弁当に進化したきっかけは、江戸時代の歌舞伎や芝居見物ブームとされている。

発祥は幕間(まくあい)(芝居と芝居の間の休憩時間)にお客が食べるお弁当として、本膳料理をヒントに考案されたという説、お客ではなく役者が短時間でバランスよく栄養が摂れるように作られたという説の二つがある。

これが1888年に、山陽線の神戸～

姫路間の延線の際、姫路駅で「駅弁」として取り入れられた。その後、各地の名産品や郷土料理を盛り込んで一気に広まり、弁当の代表格になったのである。

アンデスメロン

正式名称は「安心ですメロン」

果皮に細やかな網目が入っているメロンの中でも、お手頃価格の「アンデスメロン」。

南米アンデスから広まったメロンと思いきや、まったく関係がない。実は日本語の「安心です」が語源なのだ。

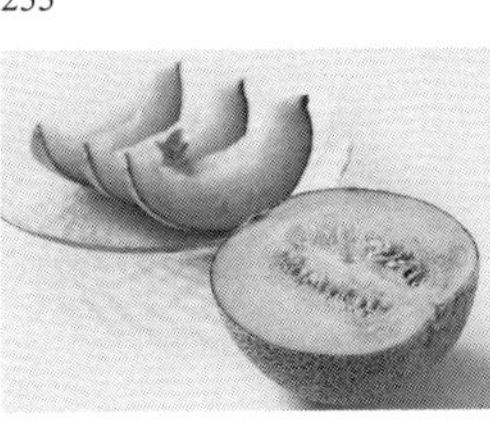

アンデスメロンはハウス栽培ができ、病気にも強い。それゆえ、安価での提供が可能になる。

しかも、高級なマスクメロンと比べると甘みが安定している。

そこから「生産者が作って安心」「流通側が売って安心」「消費者が買って安心」な品種、ということで「安心ですメロン＝アンシンデスメロン」と名前がつけられたのだ。

これが少々長くて言いにくいということで「シン」を省き、「アンデスメロン」になったのである。

メンマ

「麺にのせる麻筍」の略称だった！

ラーメンのトッピングとして知られる「メンマ」。麻筍（まちく）を乳酸発酵させてできた加工食品で、台湾の伝統食材だ。現地では「乾筍」と表記されている。

しかし、日本では昭和20年代まで「メンマ」という呼び方はなく、「シナチク」と呼ばれていた。

ある貿易会社が、台湾の乾筍を「シナチク」と名称をつけて輸出販売をしたところ、台湾政府から「台湾製なのに名前にシナとついている」とクレームが入ってしまった。

そこで、「麺の上にのせる麻筍(まちく)」というところから、その名称を「メンマ」に変更し、これが普及していったのだった。

8章

おなじみの商品名・企業名の「へぇ〜」な成り立ち

◆例えば「Facebook」に隠されたアナログなツールとは

マッキントッシュ
アップル社との深い関係とは

Windowsはパソコンのｏｓとして主流だが、根強い人気を持つのがアップル社の「Macintosh」。この社名とＯＳ名は深い関係がある。なぜなら、マッキントッシュというのは、実はリンゴの品種だからだ。

マッキントッシュの開発をスタートさせたのはＡＩ研究者のジェフ・ラスキン。彼の好んだのがリンゴのマッキントッシュで、これはカナダのアラン・マッキントッシュ農場で作られたもの。ちなみに、日本では「旭（あさひ）」という名で呼ばれている。

なおアップルという社名の由来だが、これには創業者のスティーブ・ジョブズが、実践していた果実食主義からという説、高圧的でなく親しみやすいからという説がある。他にもアルファベット順の電話帳の最初のほうに掲載されるため、リンゴは欧米で「知恵の実」とされるためなど諸説ある。

サランラップ
開発者の2人の妻の名前だった

今や食品の保存に欠かせないラップフィルム。現在、いろいろな商品が発売されている中で、クレハの「クレラップ」

と双璧をなすのが旭化成の「サランラップ」だ。

もともとラップフィルムは食品用ではなく、第二次世界大戦中、銃や弾丸を湿気から守るために作られた。

これを戦後、アメリカの化学メーカーダウ・ケミカル社の技術者、ラドウィックとアイアンズがピクニックに行った際、ラップフィルムに包んでいたレタスがみずみずしいのに気づく。

そこで食品用として開発され、一般に販売されることになった。

商品名は2人の妻、サラとアンにちなんで「サランラップ」と名づけられた。現在はダウ・ケミカルの登録商標であり、日本では同社と旭化成が共有する登録商標となっている。

ペヤング 実は若い人への願いが込められていた

全国で熱狂的なファンを持つインスタントカップ焼きそば「ペヤング」。語源は「ペア」と「ヤング」。

これは、社長の丸橋善一氏が「若いカップルには2人で仲良く食べてほしい」という願いを込めてつけたという。

１９７５年の発売当時、カップ麺は袋のインスタント麺に比べて値段が約3倍。高級食品の一つに入っていたため「２人で一つを仲良く分けて」という意味もあったようだ。

また、当時ＣＭに出演していた桂文楽が名づけ親という説も。ペヤング発売時ＣＭに抜擢された文楽は「ペアでヤングなソースやきそば」というフレーズを言うことに。

しかしこのセリフがCM内の15秒に収まりきらず、縮めて「ペヤングソースやきそば」と言い、これが採用されたというものだ。どちらにしても、多くの若者に食べてほしい、という意味であるのは間違いない。

ジャワカレー ジャワ島とはあまり関係がない

ハウス食品のカレーの中でも、少し辛めでスパイシーな大人の味わい、という印象の「ジャワカレー」。１９６８年の発売以来、ロングセラーとなっている。

「ジャワカレー」というからには、インドネシアの中心にある「ジャワ島」に伝わるスパイスが入っているのかと思いきや、このカレーにジャワ島はあまり関係していない。

「南国風の辛いカレー」のイメージで、南の島「ジャワ島」の「ジャワ」を取って名づけたのである。

ちなみに「バーモントカレー」は、アメリカ北東部のバーモント州に伝わる、リンゴ酢と蜂蜜を使った民間療法「バーモント健康法」に由来している。

どん兵衛 「どん」を巡って社内で大論争に！

日清食品のカップうどん・そば「どん兵衛（べえ）」。この親しみのある名前も、人気の一つといえる。しかし、実は反対も多かったという。

１９７０年代後半はカップうどんが発売され始めた頃で、カップの形は縦型が主流だった。

そこで日清は、食べやすい丼（どん）型の容器を新たに開発。この器のこだわりもあり、カップうどんの名前にも「うどん」と「丼」の「どん」に、日本らしい名前の「兵衛」をつけたという。

ところが、関西では「どん」といえば「どんくさい（鈍（にぶ）い）」という意味がある。さらに「どん底」を連想させるなど、社内で異論続出。

それを、創業者・安藤百福（あんどうももふく）氏の息子で、当時商品開発のマーケティング部長だった宏基（こうき）氏が「非常にユニークな名前でいい」と押し切ったことで、最終的に決まったといわれている。

ペプシコーラ

もとは消化不良に効く薬として開発された

コカ・コーラの永遠のライバル「ペプシコーラ」。頭痛薬として販売されたコカ・コーラと同じく、ペプシコーラも最初は薬として販売された。

１８９４年、ノースカロライナ州で薬剤師をしていたカレブ・ブラッドハムが、消化酵素である「ペプシン」を含んだ「消化不良に効く」飲み物として開発。主にコーラナッツ、バニラビーンズが原材料だった。

当初は、薬剤師の名前ブラッドハムから「ブラッドの飲料」と呼ばれていたが、人気の高まりとともに１８９８年にペプシコーラに改名された。

タバスコ　調味料名ではなく れっきとした商品名！

辛いもの好きな人にとっては、なくてならない調味料「タバスコ（TABASCO）」。スパイスそのものの名前というイメージが強いが、実はマッキルヘニー・カンパニーという会社が商標登録している「商品名」なのだ。

このソースの誕生は南北戦争の頃のアメリカで、1865年まで遡る。

銀行家で美食家のエドモンド・マッキルヘニー氏は牡蠣が大好物だったが、当時は冷蔵技術が進んでおらず、すぐに味が落ちてしまうのが悩みだった。

そんなとき、メキシコのユカタン半島の西側にあるタバスコ州から帰還した南軍兵士から、唐辛子（タバスコペッパー）の種を入手する。氏は、これと酢と塩を混ぜてソースを作るが、これがタバスコの原型である。

マッキルヘニー氏は1870年、独自の製法を特許登録している。

スジャータ　お釈迦様に乳粥を 渡した娘の名から

コーヒーのお供にちょこんとついてくる、褐色の恋人「スジャータ」。1976年に誕生してから、コーヒーフレッシュの代名詞として愛されている。

この「スジャータ」という名前は、お釈迦様にまつわる有名なエピソードに由来している。

悟りを開くために、長期間の修行をし

ていたお釈迦様だが、断食で力つき、倒れてしまった。

そんなとき、土地の娘が乳粥を差し出したのだ。その娘の名こそ「スジャータ」。お釈迦様はこの乳粥を食べて「苦行のみでは悟りを得ることができない」と気づいたとされる。

ちなみに、コーヒーに入れるポーションタイプのクリームを「コーヒーフレッシュ」と呼ぶのは関西の特徴のようだ。厳密には動物性油脂ではなく、植物性油脂を乳化させて作ったものを「フレッシュ」と呼ぶ。

カール　当時流行した人形が名前のルーツ

「カール」は、コロンと丸まった形、素朴でサクサクとした美味しさで大人気だった明治製菓のスナック菓子。実はこのカールこそ、日本初のスナック菓子なのである。

1968年に販売開始になったが、それまで「お菓子」といえば甘いものが主流だった。カールは「お菓子＝甘い」というイメージにこだわらず、小腹を満たすために一年中食べられるお菓子として「ポップコーン」をお手本に開発されたのだった。

カールのネーミングは、昭和30年代に流行した前髪をクルンとカールした「カール人形」から。名前の候補には、お手本になったポップコーンから「クレイジーポップ」という名前も挙がっていたという。

２０１７年8月をもって中部地方以東では販売終了となったが、復活を待つ声は多い。

ポッキー　ヨーロッパでの呼称は「ＭＩＫＡＤＯ」

プリッツにチョコレートをかけた「ポッキー」。チョコレートがかかっていない部分があるため、手を汚さず仕事の合間にも気軽に食べることができ、世界的な人気を誇るお菓子である。

ポッキーは１９６６年に発売。名前の由来は、食べるときに聞こえる「ポッキンポッキン」という音である。

ところが、この「ポッキー」は、ヨーロッパでは「ＭＩＫＡＤＯ」という商品名で発売されている。

というのも「ポッキー」の響きが、「ポックス（pox）」という、差別的なスラングと似ているからだ。

そこでヨーロッパでは、メジャーな41本の棒を使ったゲームの「ＭＩＫＡＤＯ」という名前に変え販売。味もお国柄（くにがら）に合わせ、「ＭＩＫＡＤＯ」のほうが甘く作られている。

チロルチョコ　地図でたまたま見つけた地名が商品名に

安価で買える小さなチョコ「チロルチョコ」。誕生は１９６２年とかなり古いが、今でもコンビニや駄菓子屋で大人気の商品だ。その種類は増えに増えて、なんと約２００種類。

「チロル」のネーミングは、ヨーロッパ

のオーストリアにある地名からきている。商品名をつける際、チョコレートはヨーロッパが本場で、原料の乳製品から「放牧」のイメージはスイス、ということで、開発スタッフがスイスの地図を見ていたという。

するとたまたま隣国のオーストリアに「チロル」という地名があり、響きの良さから決定したという。

発売当初はパッケージにも、チロル地方の民族衣装であるチロリアンハットを被った男の子が印刷されていた。

グリコ 「もったいない」精神が商品誕生のきっかけ

「ひとつぶ300メートル」というキャッチコピーと、カワイイ「おまけ」に心躍る「グリコ」。その名の由来は栄養素グリコーゲンからきている。

グリコが誕生するきっかけは、なんと「カキの煮汁」。のちに江崎グリコの創業者となる江崎利一氏は、大正時代、佐賀で薬種商を営んでいた。

そのとき漁師がカキの煮汁を捨てるのを目撃し、「カキにはエネルギー代謝に大切なグリコーゲンが多く含まれている。なんとか活かせないだろうか」と薬への活用を考えたのだ。

そこで病気の「予防」を第一に考え、子どもたちでもおいしく食べられる栄養菓子を作ることを決

意し、「グリコ」を誕生させたのである。

ククレカレー
レトルト食品の特徴を言い得た名

世界初の市販用レトルト食品として1964年に誕生した「ボンカレー」（大塚食品）。「一人前で、お湯で温めるだけで食べられるカレー、誰でも失敗しないカレー」として開発された。

「ボンカレー」の「ボン」はフランス語の「BON（良い、おいしい）」からのネーミングである。

レトルトカレーでボンカレーと並んで高い認知度を誇るのが「ククレカレー」（ハウス食品）だ。

「ククレ」の語源は、英語で「調理の必要なし」を意味する「クックレス（cook-less）」から。「完全調理済み」というレトルト食品の特徴を、わかりやすく表現した造語である。

かっぱえびせん
かっぱはどこから出てきた？

「やめられない、とまらない」のキャッチコピーで有名な、カルビーの「かっぱえびせん」。えびの香ばしい味わいが特徴的なので「えびせん」の意味はわかるのだが、なぜ頭に「かっぱ」がつくのだろう。

その由来を辿ると昭和20年代まで遡る。当時、カルビーは小麦粉で作ったあられを販売していた。そのパッケージイラストを、大人気漫画『かっぱ天国』の作者、清水崑氏に依頼。

かっぱのキャラクターが描かれたそのあられは「かっぱあられ」と名づけられ、多くの人に親しまれた。

「かっぱあられ」はシリーズ化し、その最後の商品が「かっぱえびせん」。

パッケージは原材料のえびが主役となり、かっぱのイラストは消えたが、親しまれていた名前はそのまま残ったのだ。

チェルシー 「キングスロード」になっていたかも?!

普通のキャンディとはちょっと違う、不思議な「特別感」がある「チェルシー」(明治)。キャンディの新しい分野を切り拓くことを目的としたプロジェクトから開発され、スコットランドの「スカッチキャンデー」にヒントを得て作られたとする。

「チェルシー」というオシャレな名前も、約3000ものネーミングの中から、選ばれたもの。「新しさを感じさせる」「英国のイメージがする」「響きがよい」「発音しやすく覚えやすい」を基準に絞り込まれた。

そして最終的には「キングスロード」と、ロンドン市南西部にある地区の名から取った「チェルシー」との勝負に。

結局、消費者テストで「愛らしい」「しゃれた感じ」という意見が多かった「チェルシー」に決定したという。

源氏パイ 「源氏」という名がついているわけ

発売以来長く愛されている三立製菓の

源氏パイ。1965年、ヨーロッパの「パルミエ」と呼ばれるハート型のパイ菓子を原点に開発されたお菓子である。

それが「源氏パイ」という勇ましい名前になったのは、「大河ドラマ」に由来する。当時、まだ洋風パイの認知度は低かったため、商品名には和名の必要性が検討されていた。

そんな中、発売の翌年の大河ドラマに『源義経（みなもとのよしつね）』が決定。それにあやかり「源氏パイ」とついたのだった。

ちなみに三立製菓は2012年の大河ドラマ『平清盛（たいらのきよもり）』決定を受けて、1993年から販売されている「レーズンパイ」を「平家パイ」に改名している。50年のときを経て、平安時代のライバル「源平」が揃（そろ）ったのだった。

クッピーラムネ 「クッピー」の正体とは

絵本風のウサギとリスがキャラクターの「クッピーラムネ」。販売元のカクダイ製菓は、なんと1950年からラムネ菓子を作っている老舗（しにせ）である。

かつては「固形ラムネ」「ビンズラムネ」という名前で販売していた。

ラムネを詰める箱の中には、目印としてエンゼルフィッシュという熱帯魚のイラストが描かれた紙を入れていた。それがいつの間にか「エンゼルフィッシュ」と「グッピー」を間違えて「グッピーのラムネ」と呼ばれるようになっていったのだ。

そこで、新商品の商品名にこの「グッ

ピーラムネ」が採用されることに。ただ、「グッピー」は濁点がついていて呼びにくい、という理由で「クッピーラムネ」という名前になったのである。

カルピス　パッケージの水玉模様に意外な秘密が！

大阪府箕面市の寺の長男、三島海雲が「酸乳」と出合ったのは、中国で雑貨商として働いていた30歳のとき。

海雲は仕事で訪れた内モンゴルで体調を崩したが、遊牧民にすすめられた乳酸菌で発酵させた乳を飲むうちに体調が回復する。

そこで海雲は、内モンゴルで学んだ製法をもとに乳酸菌の研究を重ね、砂糖やカルシウムを加えた乳酸菌飲料を完成させる。

それが１９１９年に完成した「カルピス」である。

名前の由来はカルシウムの「カル」とサンスクリット語で「最上の味」を意味する「サルピス」の「ピス」から。

パッケージの水玉模様は発売日が７月７日だったため、七夕にちなんで天の川、英語の「ミルキーウェイ（Milky Way）」をイメージしたものだ。

商品名を冠した会社は１９２３年設立のカルピス製造株式会社が最初で、97年にカルピス株式会社へ商号を変更。

２０１３年にはアサヒグループホールディングス株式会社の完全子会社になり、販売はアサヒ飲料株式会社、製造はカルピス株式会社が担っている。

八ツ橋 起源をたどると浮かぶ二つの説

京都のおみやげの定番でもある「八ツ橋」。米粉、砂糖、ニッキを主原料とした焼き菓子で、皮だけの生地「生八ツ橋」も人気だ。

誕生は江戸時代中期（1689年）と古く、「八ツ橋」の名前の由来は二つの説がある。一つは「伊勢物語」にも登場する、三河の国・八橋の板橋に形が似ているという説。

もう一つは、江戸時代に活躍した、近代箏曲の開祖といわれる作曲家八橋検校の名にちなむという説である。

八橋検校は1685年に亡くなったが、墓参りに訪れる人が絶えなかった。そこで、参道で琴の形を模した菓子を「八ツ橋」と名づけて売り出したという説だ。

ちなみ八ツ橋のことを「おたべ」ともいうが、「おたべ」は株式会社美十が作っている生八ツ橋の商品名である。

Google 綴り間違いが社名になってしまった！

検索エンジン最大手のグーグル社には、ドメイン取得のときに誤った綴りで登録したとのエピソードがある。

グーグル社は、スタンフォード大学の博士課程に在籍していたラリー・ペイジとセルゲイ・ブリンによって1998年に設立された。

ドメインを取得したのは、前年の9月だ。そのとき、二人の希望したドメインは「googol.com」。googolは1の後に0が100個並んだ値を表す数学用語で、「世界中の情報を整理し、世界中の人々がアクセスできて使えるようにする」という使命にふさわしいとされた。

しかし、登録の際に綴りをgoogleとしてしまい、それがそのまま社名になってしまった。

なお、この説に関してグーグル社は、googolをもじったとはしているものの、「綴(つづ)りを間違えた」とは説明しておらず、都市伝説だとする意見もある。

Amazon 弁護士の聞き間違いのせいでこの社名に

もはや書籍だけでなく、生活用品や電化製品など、あらゆる商品が買えるネット通販サイト大手の「アマゾン・ドット・コム」。設立は1994年だが、このときは別の社名だった。

創業者ジェフ・ベゾスはおなじみの呪文「アブラカダブラ」からとった「カダブラ(Cadabra)社」という社名で登記。しかし、ある弁護士が「cadaver(死体)」と聞き間違えてしまう。これを受けてベゾスは社名の変更を試み、辞書を引いて「アマゾン」という言葉を選んだ。

その理由としては、アマゾンがエキゾチックで変わった場所であり、自身の展開する一風変わった事業のイメージに合致していたからだという。またアルファベット順に並べると一番上に現れ、さらに自身が目指す世界最大のオンラインストアを、世界最大の流域面積を誇るアマゾン川になぞらえたからだともいわれている。

Mixi シンプルな名前とは裏腹に奥深い社名だった

仲間同士の交流だけでなく、さまざまなシーンで活用されているソーシャル・ネットワーキング・サービス（SNS）。

今はツイッターやインスタグラムなどが主流だが、日本における先駆け的な存在といえるのがミクシィ（Mixi）だ。

ミクシィを運営するのは株式会社ミクシィ。その社名の由来は、交流を意味する「mix」と人に見立てた「i」を組み合わせた言葉なのだそうだ。

「友人との関係性の中で刺激を受け合うことで、これまでの友情をさらに深めてほしい」「これまでの友人関係から、さらに新しい友人を見つけ出してほしい」という願いが込められている。

Yahoo! 創業者と公式とで割れる企業名の由来

現在はグーグルにトップの座を譲ったものの、2009年頃までは検索エンジンの利用数で、国内シェアの過半数を獲得していたポータルサイト「ヤフー！ジャパン」。

検索エンジンだけでなく、オークションやショッピング、トラベルなど、数多くのサービスを展開していることでもおなじみだ。

日本での運営会社はヤフー株式会社だが、これは1996年に、アメリカの

Yahoo!と日本のソフトバンクの合弁で設立された企業。

そんなヤフーの社名は、公式には「Yet Another Hierarchical Officious Oracle」（さらにもう一つの階層的でお節介な神託）の略だとする。

しかし、創業者である楊致遠（ジェリー・ヤン）とデビッド・ファイロは自分たちのことを「ならず者」とし、『ガリバー旅行記』に登場する「粗野な人」を意味する怪物「ヤフー」にちなんだのだと主張している。

SONY 「小さいけれど若くてはつらつとした集団」の意

戦後間もない1946年に創業した「東京通信工業」を前身とするソニー株式会社。

カリスマ実業家・盛田昭夫と技術者でもある井深大によって、独創的かつ革新的な製品を生み出し戦後の「メイド・イン・ジャパン」をけん引してきた。

創業当時は真空管電圧計の製造と販売を行なっていたが、1950年に日本初のテープレコーダーの開発に成功。

5年後には、やはり日本初のトランジスタラジオを開発する。この頃から輸出事業に力を入れ始め、「SONY」というブランド名をつけた。

この「SONY」という商標は、「音」を意味する音「SOUND」や「SONIC」の語源となったラテン語の「SONUS（ソヌス）」と、「小さい」「坊や」という意味の「SONNY」から。

「自分たちの会社は非常に小さいが、それにも増して、はつらつとした若者の集まりであるということにも通じる」という理由で決定したとする。

ソフトバンク　″ソフトな銀行″ってどういう意味？

時価総額がトヨタ自動車に次いで国内第2位のソフトバンクグループ株式会社は、１９８１年に孫正義（そんまさよし）会長兼社長がパソコン用ソフトウエアの流通会社として創業した。

社名は「情報化社会の基盤になる」という決意から、「ソフトウエア（software）」と「銀行（bank）」を組み合わせて名づけられた。

ロゴマークのシルバーの2本線は、赤の2本線だった「海援隊（かいえんたい）」の旗（はた）がモチーフ。海援隊は幕末の志士である坂本龍馬が率（ひき）いた組織で、自由な発想と大胆な実行力で時代を駆け抜けたことに孫氏は共感し、情報革命で人々を幸せにしたいとの思いを込めたという。

また2本線は「＝」でもあり、世の中が抱える課題に答えを導き出し、解決するとの意味もある。

WOWOW　三つの「W」が表しているもの

民間衛星放送会社の草分け的存在である株式会社ＷＯＷＯＷは、１９８４年の設立。当初の社名は日本衛星放送株式会社である。

１９８９年、開局を翌年に控えチャン

ネルの愛称が採用される。それが「WOWOW」で、英語で感動や驚きを表す感嘆詞「WOW!」を二つ重ねつつ、三つの「W」に「World・Wide（世界中）・Watching（視聴）」の意味を持たせた。

このとき、「ジャパン」と英語で新星を意味する「Nova」を合わせた「JANOVA」など複数の案も挙がっていたが、最終的には当時の若手社員の投票で決まったという。

2000年には社名もWOWOWとし、社名のロゴも3チャンネル化した11年にデザインを一新。

WOWOWの文字の下に「地平線」を模した線を入れ、「新しいエンターテインメントの地平をひらいていく」という理念を表現している。

Facebook アナログなツールが社名の由来だった

SNS業界の中で世界最大の規模を誇るフェイスブック。創立者の1人で最高経営責任者であるマーク・ザッカーバーグはハーバード大学時代、ハッキングで得た女子学生の身分証明写真をインターネット上に公開し、顔を比べて投票させる「フェイスマッシュ」というゲームを考案した。

だが大学内で問題となり、半年間の保護観察処分を受けている。

その後、大学内の学生の交流を図るための「The facebook」というサービスを開始。他の大学からも同じようなサイトを作って欲しいとの要望が舞い込み、徐々に全米の学生に開放され、２００４年に友人たちとフェイスブック社を設立している。

社名となっているフェイスブックとは、もともとアメリカの一部の大学の新入生に配られる本のこと。顔写真が掲載され交流の促進を目的とする。

巨大ＩＴ企業でもあるフェイスブックだが、社名の由来はアナログなツールだったのだ。

楽天 自由闊達な市場を目指して名づけられた

戦国時代に設けられた「楽市・楽座」は、市場を牛耳っていた「座」と呼ばれる商業組合の特権を撤廃するなどして、自由な商いを促した政策だ。そんな５００年近くも前の制度名を社名の由来とするのが、ＩＴ大手である楽天株式会社だ。

さまざまな商品・サービスが活発に取引される場である「楽市楽座」に、明るく前向きな「楽天」のイメージを合わせることにより「楽天市場」という名前が生まれたとする。

なお、楽天市場は１９９７年に開設されているが、当時の運営会社名は株式会社エム・ディー・エム。やがて楽天市場が有名となり、１９９９年に社名を変更している。

スタジオジブリ 「熱風」が指す言葉の真意とは

『となりのトトロ』をはじめ、数多くのアニメ作品を世に送り出している株式会社スタジオジブリ。

初代の設立は1985年だが、一時、徳間書店に吸収合併されたのち2004年に有限会社として2代目を設立。翌年には株式会社に改組している。

そんなジブリの社名だが、由来はサハラ砂漠に吹く熱風を意味するイタリア語で、綴りは「GHIBLI」。

第二次世界大戦中に使用されたイタリア軍の偵察機の名前でもあり、日本のアニメーション界に熱風を起こそうという思いを込め、飛行機マニアの宮崎駿（みやざきはやお）監督が命名した。なお、本来のイタリア語では「ジブリ」ではなく「ギブリ」と発音するのが正しい。

また、スタジオジブリではPR誌の小冊子『熱風』を発刊しており、タイトルは社名の日本語訳からとっている。

スターバックス 『白鯨』のキャラが名前の由来

世界での店舗数は約3万2000、日本国内だけでも約1600店舗を展開するスターバックスコーヒー。

社名の由来は創設メンバーが好きだったというハーマン・メルヴィルの小説『白鯨（はくげい）』から。

当初は『白鯨』に登場する捕鯨船の「Pequad（ピークォド）」が第一候補として挙がった。しかし、広報担当者が作中で沈んでしまう船

の名前をつけることに難色を示したため、一等航海士スターバックの名前を採用。

さらに、創業地であるシアトルの南海部に位置するレーニア山の鉱石採掘場「スターボ」も由来の一つとなっている。

スターバックスといえば人魚のロゴも特徴的だ。この人魚は「セイレーン」といい、美しい歌声で船員を誘惑して海に引きずり込むという言い伝えがある。そこから、「セイレーンに誘われるようにコーヒーを買う」という期待が込められている。

花王 「花の王」ってどういうこと？

洗剤やトイレタリー商品では国内シェア1位の日用品メーカー「花王」。その歴史は古く、1887年に創業した長瀬商店にまで遡（さかのぼ）る。

長瀬商店では石鹸や鉛筆の輸入品を扱っていたが、1890年に輸入品に負けない国産高級石鹸を開発。当時、化粧石鹸は「顔洗い」と呼ばれていたことから「カオ（顔）石鹸」と名づけ、「花王」という文字を当てた。

1925年にはブランド名を社名に冠して「花王石鹸株式会社長瀬商会」に改称。1985年に現在の「花王株式会社」となる。

花王といえば月の入ったブランドマークが有名だ。これは1897年から受け継がれてきたもので、創業当時取り扱っていた輸入鉛筆にあったものをヒントにして採用された。

キヤノン 「ヤ」の文字を大きくしたわけ

大手精密機器メーカーのキヤノン。その社名は、ユニークな由来を持っている。創業は1933年で、当時の名称は「精機光学研究所」。

カメラの製造を業務とする会社で、34年には日本初の精密小型カメラの試作機を完成させる。これを「KWANON（カンノン）」と名づけた。

カンノンとは仏教の観音菩薩のこと。観音菩薩の慈悲にあやかり、世界で最高のカメラを作る夢を実現したいとの願いを込めたとする。当時のマークには千手観音が描かれ、火焔をイメージしたKWANONの文字がデザインされている。

やがて、本格的な発売開始に向け、世界で通用するブランド名が必要となる。そこで英語で「聖典」「規範」「標準」という意味がある「キヤノン（Canon）」という言葉を商標として登録。

「キヤノン」の発音が「カンノン」と似ているため、名称の交替は違和感なく行なわれたという。

なお、社名の読みは「キャノン」だが正式表記は「キヤノン」。「ヤ」の上の空白が穴の空いたように感じてしまうのを避け、また全体のバランスを考えて「ヤ」を大きくしたとする。

資生堂 西洋と東洋の融合を社名に込めた

創業約150年の老舗企業、株式会社

資生堂は国内でのシェア1位を誇る化粧品メーカーだ。この若干、古めかしい社名は創業時の業務と、参考にした書物に由来する。

１８７２年、資生堂は日本初の洋風調剤薬局「資生堂薬局」として東京・銀座で開業する。商号は中国の古典『易経』の一節「至哉坤元　萬物資生」（大地の徳はなんと素晴らしいのであろうか。すべてのものはここから生まれる）からであり、西洋の最先端薬学と東洋哲学を融合した先取りの気質が込められている。

また、シンボルマークは「花椿」と呼ばれ、１９１５年に初代社長福原信三の描いたスケッチをもとに、意匠部のスタッフがデザインを手がけて誕生したものである。

ダスキン　社名がぞうきんになるかもしれなかったって？

清掃業務だけでなく、全くの異業種である外食チェーン「ミスタードーナツ」の事業本部でもある株式会社ダスキンには、社名結成の際のユニークなエピソードが残されている。

１９６４年、会社を新しい名前に変更しようとしたとき、創業者の鈴木清一氏は「株式会社ぞうきん」という名を提案した。

しかし社員の間から「人に言いにくい」「バカにされる」などの意見が噴出。英語でぞうきんを意味する「ダストクロス」「ダステックス」の「ダス」に、日本語の「ぞうきん」「ふきん」の「キン」を足した合成語を商号とした。

だが、鈴木氏は最後まで納得せず、「自分が汚れた分だけ人がきれいになるぞうきんで何が悪い！」と告げたとか。

ちなみに、1963年に設立されたときの社名は株式会社サニクリーンだが、現存するサニクリーンとの間に資本関係などはない。

サンスター　太陽と星を社名にした理由

現在、オーラルケア製品が主力のサンスター株式会社は、当初、自転車部品や自転車タイヤのパンク修理用ゴムのりを手がけていた企業だった。

1932年、創業者兄弟は金田兄弟商会を設立。金属チューブ入りのゴムのりは、手のひらサイズで扱いやすく、ヒット商品となる。

しかし、次第に缶入りゴムのりが主流となっていき、金属チューブの新たな活用を検討しなければならなくなる。

1946年、依頼を受けて歯磨き剤の製造に着手。粉末が主流だった時代に、金属チューブに入ったペースト状の練り歯磨き剤の開発に成功した。これが「サンスター歯磨」だ。

商品名は、朝を意味する「太陽（サン）」と夜をたとえた「星（スター）」から。起床時と就寝時の歯磨きで健康に、という願いを込めたとする。

1950年に関連会社と合併し、現在の社名に変更。「太陽や星のように、かけがえのない存在になりたい」との思いが込められている。

サンリオ　創業地へのこだわりが含まれている？

日本だけでなく、海外でも大人気の「ハローキティ」をはじめ、1960年の創業以来、約450種類のキャラクターを生み出している株式会社サンリオ。その社名の由来については諸説ある。

公式には、文明の発祥が大河の畔にあったように文化を興す河となることを願い、「聖なる川」を意味するスペイン語の「San Rio」を由来としている。

だが1979年に出版された『サンリオの奇跡―世界制覇を夢見る男達』（PHP研究所）には、サンリオの「サンリ」は創業地である山梨の音読みであり、残る「オ」は「オウ、オウ、オウ」という叫び声が聞く者を陶然とさせるからと説明している。

また、「山梨の王」になるという思いで「山梨王（サンリオ）」としたという説もあったものの、これについては関連書籍などで否定されている。

S&B　「スパイスとハーブ」が由来ではなかった！

ヱスビー食品株式会社は、1923年に国内初の本格的なカレー粉の製造に成功したとされる山崎峯次郎氏が東京・浅草に創業した「日賀志屋」が前身。

社名は山崎氏の信念である「一日一日を賀び、志をたてて商売にいそしみ励む」からつけたとされる。

1930年には「社運が、日が昇る勢いであるように、また鳥が自由に大空をかけめぐるように、自社製品が津々浦々まで行き渡る」との願いを込めた家庭用カレー粉「ヒドリ印」を発売。

翌年に太陽を意味する「SUN」と鳥を意味する「BIRD」の頭文字を取った「S&B」を「ヒドリ印」に併記し、1949年に社名を「ヱスビー（現エスビー）食品」と改めた。

ドトール 修業時代を忘れないようにとつけられた

コーヒーをセルフサービスで販売するというシステムの先駆けで、現在全国で1100店以上を展開する「ドトールコーヒーショップ」。運営するのは株式会社ドトールコーヒーだ。

創業者の鳥羽博道（とりばひろみち）氏は埼玉県出身で、19歳のときには東京・有楽町の喫茶店で店長を務めていた。

しかし、コーヒー業を極めたいとの意志から鳥羽氏は1959年、20歳でブラジルに渡航。知人の所有するコーヒー農園で働くことになる。

そんな鳥羽氏が修業時代に住んでいた場所が、ブラジル・サンパウロのドトール・ピント・フェライス通り85番地だった。「ドトール」とは、ブラジルの公用語であるポルトガル語で「博士、医者（ドクター）」の意味。ブラジルの法学の基礎を築いたピント博士の功績を称(たた)えてつけられたとされる。

1962年に帰国した鳥羽氏は、コーヒー豆の焙煎(ばいせん)・卸売会社を設立。修業時代を忘れないように、社名を有限会社ドトールコーヒーとする。

1971年、業界団体の視察旅行で訪れたヨーロッパのカフェで、コーヒーを立って飲む人の姿を見てこれに刺激を受けた鳥羽氏は、1980年、東京・原宿に「ドトールコーヒーショップ1号店」を開いた。当初は立ち飲み形式だったが、現在は座席が設けられている。

トンボ鉛筆

縁起の良い虫である昆虫のトンボにちなむ

鉛筆だけではなく、シャープペンシルや消しゴム、スティックのりなど、多くの文具用品を取り扱う株式会社トンボ鉛筆は、1913年に東京・浅草で開業された小川春之助(おがわはるのすけ)商店が始まりだ。

1927年に「トンボ印」を商標とし、その翌年には、日本初の本格的製図用鉛筆となる「TOMBOW DRAWING PENCILS」を発売。

トレードマークのトンボは「勝ち虫」として伝わる縁起のよい虫であり、何事にも屈しない気持ちが込められた。末尾にWを付したのは、墓を意味する英単語「TOMB」と間違われないようにしたものとされる。

1939年にはブランド名を社名とした営業部門の「トンボ鉛筆商事株式会社」と製造部門の「株式会社トンボ鉛筆製作

所」を設立。戦後に統合され、現在の社名となったのは1964年のこと。

「お客様に深く頭を垂れる商の姿勢」を示した下向きトンボのシンボルマークは、2013年にトップを目指す意味で上向きに変更された。

カゴメ　「籠の目」ロゴマークを社名に反映した

トマトケチャップやトマトジュースで有名なカゴメ株式会社は、明治時代の1899年の創業。

農家の跡取りだった蟹江一太郎が兵役を終えて軍を除隊する際、上官から勧められてトマトの栽培を始めたのがきっかけだ。

ただ、トマト特有の青臭さが敬遠されたのと、創業の数年後に豊作でだぶついた分の保存のため、トマトソースの製造に着手することになる。これに成功し、1906年に工場を建設する。

1908年にはトマトケチャップとウスターソースの製造も開始し、14年には愛知トマトソース製造合資会社を設立している。

1917年には「カゴメ印」の商標を登録。当初はトマト栽培を勧めてくれた上官にあやかり、陸軍のマークである五角の星を使おうとしたが当局に却下されてしまう。

そのため、三角形を二つ組み合わせたマークを考案し、これが「籠の目」のようだったことから「カゴメ印」とする。

1963年には社名もカゴメ株式会社

に変更。１９８３年までは、カゴメ印のマークを使用していた。

旭硝子（AGC） 当初は「三菱硝子」になるはずだった

世界最大手のガラス会社であるＡＧＣ株式会社は、２０１８年に旭硝子株式会社から社名を変更した企業だ。

しかも三菱グループの一員でありながら、「三菱」の名を冠していない。

創業は１９０７年、三菱の2代目社長岩崎弥之助氏の次男、俊弥氏が設立した。当初は「三菱硝子」と命名するはずだったのだが、当時、ガラスの国産化は技術的に困難だった。

そこで俊弥は、事業が失敗して三菱の名を汚すことがあってはいけないと考え、「旭硝子」を社名に採用する。

社名の由来には「昇る旭になぞらえた」「会社の設立が9月9日の予定だったので、九の字と日の字を組み合わせた」など諸説がある。

２００７年、創立１００周年を機会に欧文の「ASAHI GLASS COMPANY」の頭文字である「ＡＧＣ」にグループブランドを統一。

２０１８年には、ガラス以外の分野にも事業を拡大したこともあり、社名から「硝子」をはずし現社名へ変更している。

ワコール 近江商人の誇りが込められていた

国内最大手の女性用下着メーカー株式会社ワコール。

1946年に、復員してきた塚本幸一氏が創業した。創業時の社名は女性用アクセサリーを販売する和江商事。「和江」の名は、塚本氏の父・粂次郎氏が考案している。

粂次郎氏は近江商人の家に生まれたため、調和を意味する「和」と、近江（現滋賀県）の別名「江州」の「江」の字を組み合わせたとし、近江商人の誇りから生まれた商号と見られている。

1952年には男子禁制の下着ショーを開催し、知名度を一気に高める。同年、ブランド名として「ワコール」が考案されるのだが、これは「和江」という名を長く残したいとの思いから。

とどめるという意味の「留」を「和江」の語尾につけたもので、5年後には商号もブランド名に変更された。

パナソニック　「ナショナル」が社名に残らなかったわけ

立志伝中の人物としても有名な松下幸之助氏は1917年、大阪市で電球用ソケットの製造と販売を始め、翌年に松下電気器具製作所を創設。

これがのちの松下電器産業株式会社であり、現在のパナソニック株式会社の源流だ。

以前のブランド名「ナショナル」は、1927年に発売した新製品のランプから導入されたもの。

国民の必需品になってほしいとの期待を込めて「ナショナル（国民の）ランプ」と名づけたのに始まる。現在の「パナソニック」は1955年の輸出用スピーカーから採用された。

ラテン語の「Pan（汎、あまねく）」と「Sonic（音）」を組み合わせ、「創りだす音をあまねく世界中へ」という思いに由来する。

1961年からは、アメリカで販売する製品すべてのブランド名をパナソニックとする。これには、「ナショナル」はアメリカですでに商標登録されていたという事情もあった。

その後、国内製品にも使われるようになり、2008年には社名を松下電器産業からパナソニックに変更。ブランドもパナソニックに統一している。ただし、中国のグループ会社は社名の漢字表記に松下の名を残している。

すかいらーく もともとひばりが丘の食料品店だった

20ブランド以上を国内外で約3200店舗展開する株式会社すかいらーくホールディングスの前身は、東京都保谷町（現西東京市）のひばりが丘団地にオープンした食料品店である。

1962年に開業したことぶき食品は、地域に根ざした店として人気を集めたものの、大手スーパーの進出によって売り上げが頭打ちとなり、やむなく廃業。

他業種への転換を模索し、視察先のアメリカで見た幹線道路沿いのコーヒーショップにヒントを得て、外食産業への参入を決意する。

東京都府中市に「スカイラーク1号店」

を出したのは１９７０年。店名は、ことぶき食品創業地のひばりが丘団地と、１号店の所在地である府中市の鳥がヒバリであることから、ヒバリの英名「Skylark」になった。

４年後には株式会社すかいらーくを設立。当初、店舗名はカタカナだったが、イメージが固いという理由からひらがな表記となった。

ちなみに、現在の主力ブランドである「ガスト」は、スペイン語で「おいしい」を意味する。

マツダ 社名をMA〝Z〟DAとしているわけは

広島市に拠点を置く自動車メーカーのマツダ株式会社は１９２０年にコルク栓を製造する東洋コルク工業株式会社として誕生。

創業時の取締役で翌年に社長に就任したのが、事実上の創業者である松田重次郎氏であり、１９２７年に東洋工業株式会社へと社名を変更している。

重次郎氏は自動車の生産を目標に置き、まずは二輪車に着手。やがて１９３０年に三輪トラックの開発を始め、翌年に販売されたのが「マツダ号ＤＡ型」だ。

つまり、マツダというブランド名は、このときから使われるようになった。

ブランドの表記は「ＭＡＴＳＵＤＡ」でなく「ＭＡＺＤＡ」なのは、「業界の光明となるように」との思いから。

火をあがめるゾロアスター教の神「アフラ・マズダー」（Ahura Mazda）にちな

んだとされ、重次郎が自分の名字をそのまま商品名として使うことに遠慮や味気なさを感じたためともいわれている。社名が現在のマツダに変わるのは、1984年になってからである。

アステラス製薬

明日を照らすという意味だけではない

大阪で創業し、戦後すぐに東京へ移転した山之内（やまのうち）製薬と、創業地である大阪に本社を置いていた藤沢薬品工業が合併して2005年4月に誕生したのがアステラス製薬だ。国内の製薬大手5社の一角で、医療用医薬品事業に特化した会社である。

主力製品の前立腺がん治療薬「イクスタンジ」の売上高が全体の約4分の1を占め、世界50か国以上で販売網（もう）を築き、連結収益のうち約7割が海外というグローバル企業でもある。

社名の由来は「星」を意味するギリシャ語の「アスター」やラテン語の「ステラ」などの単語を掛け合わせた造語で、「明日を照らす」という日本語にもかけている。

山之内製薬は1923年、藤沢薬品工業は1894年の創業という老舗製薬会社。しかし企業文化を一から創造する目的で、旧社名を残さなかったという。

コクヨ

創業者の誓いが込められていた

文房具やオフィス家具のメーカーであるコクヨ株式会社の社名は、「国誉」からきている。

創業者で富山県出身の黒田善太郎（くろだぜんたろう）氏が、「国（富山）の誉れになる」と言った初心を忘れまいと名づけたという。

1905年、黒田氏は26歳のとき、商家で使う和式帳簿の表紙をつくる黒田表紙店を開業。和式帳簿の表紙製造だけを問屋から請け負うという、地味な仕事だった。しかも表紙は帳簿全体の価格のわずか5％にすぎず、製品の印象を左右する重要なパーツであることを考えると割の合わない商売だった。

それでも黒田氏は、「人がやりたがらない仕事ほど、まじめにやれば人に喜ばれる」とし、3年後には和式帳簿全体を手がけ、1913年には洋式帳簿の製造も開始。「国誉」を商標としたのは、その4年後だ。

1960年にはスチール製品業界にも参入し、翌年、社名をコクヨに変更。同年には当時世界随一（ずいいち）の紙製品生産工場「八尾（やお）工場」も稼動（かどう）している。

ゼブラ　どうしてシマウマが社名なの？

「ゼブラ」とはシマウマのことで、アフリカの原野でライオンなどから身を守るため、群れをつくって仲間と協力して暮らす。そんな動物の名を社名にしたのが、文具メーカーのゼブラ株式会社だ。

明治時代に入ると、筆に代わって細い線を引けるペンの需要が高まってくる。そこで、創業者の石川徳松氏が鉄製の国産ペン先を日本で初めて製作。1897年に石川ペン製作所を設立する。

ブランド名としてゼブラを商標登録するのは1914年のこと。現在も使われているブランドマークも、このときに採用された。

石川氏がゼブラと命名した理由は、「シマウマのように全社員が団結し、文化の発展に欠かせない筆記具の製造にまい進したい」との思いを込めたため。

マークのシマウマが後ろを向いているのは、過去を学び新たな商品開発に生かす「温故知新(おんこちしん)」の精神を表すためだとされている。

ヤンマー 大きなトンボであるオニヤンマが由来

農機具などの機械メーカーであるヤンマーホールディングス株式会社の創業者山岡孫吉(やまおかまごきち)氏は、農家の六男として現在の滋賀県長浜市に生まれる。

14歳で大阪に出て、石鹸屋や木綿問屋など職を転々とした末、大阪ガスの作業員となり、ここで工業用に使われ始めたガス発動機の仕組みを習得。1912年に山岡発動機工作所を設立した。

自社製品にヤンマーのブランド名をつけたのは、1921年に発売された農業用石油発動機から。

豊作の象徴である「トンボ」にしようとしたが商標登録済みだったため、トンボの中でも大型のオニヤンマにちなみ「ヤンマー」と名づけた。また、自身の名字にも似せたとする。

社名をヤンマーディーゼル株式会社に変更したのは1952年。2013年には関連企業の持ち株会社としてヤンマーホールディングスが誕生した。

ニッカウヰスキー
「ニッカ」ってどういう意味？

NHKの連続テレビ小説『マッサン』のモデルになったのが、ニッカウヰスキー株式会社の創業者、竹鶴政孝だ。壽屋（現サントリーホールディングス）でウイスキー醸造を担当していた竹鶴は、スコットランドに似た気候であった北海道での生産を決意。余市に工場を建てて会社を創業した。

だが、ウイスキーには長い貯蔵期間が必要なため、製造から出荷まで時間がかかる。そこで竹鶴は余市の名産だったリンゴを使ってジュースを作る。

1934年に設立されたニッカウヰスキーの前身が、大日本果汁株式会社という社名なのは、そのためだ。

1940年、大日本果汁はようやく国産ウイスキーを出荷。大日本果汁の「日」と「果」を組み合わせて「ニッカウヰスキー」とする。

その際、ウイスキーだけでなく「ニッカブランデー」も販売されている。1952年には社名を現在のものに変更。サントリーと双璧をなす国産ウイスキーメーカーとなった。

ヤクルト
エスペラント語を取り入れた社名だった

乳酸菌飲料メーカーとしては国内最大手、プロ野球チーム「ヤクルトスワローズ」の親会社としてもおなじみなのが株式会社ヤクルト本社だ。

１９３０年に実質的な創業者である代田稔（しろたみのる）氏が「乳酸菌シロタ株」の強化・培養に成功。

５年後には乳酸菌飲料のヤクルトが製造販売され、１９４０年には全国各地に販売専門の「代田保護菌普及会」が誕生し、会社として設立されたのは１９５５年のことだ。

この主力商品であり会社名でもあるヤクルトの名は、エスペラント語でヨーグルトを意味する「ヤフルト（jahurto）」から。エスペラント語とは１８８７年にポーランド人のザメンホフが考案した、一種の世界共通語だ。

この「ヤフルト」を使いやすいように変更して造語とし、１９３８年に商標として登録されている。

カルビー
カルシウムとビタミンを組み合わせた造語！

１９４９年、まだ原爆投下の傷跡が大きく残る広島市。兵役から戻った松尾（まつお）孝（たかし）氏が、そんな広島市に設立した松尾糧食工業株式会社が、カルビー株式会社の前身である。

松尾家は、羊羹などの和菓子のほか、飼料や工業用米ぬかの製造販売を営んでいた。松尾氏が家業を継いだのは18歳のとき。経営状態は苦しかったが、ある酒屋から売り物になりにくい、割れた小さなコメと米ヌカを引き受ける。

小米はのりとして京都の友禅に売り、ヌカは飼料にして農家に出荷。このときから、未利用の食糧資源を活用するという経営理念が生まれた。

原爆で焼け落ちていた工場を再建して会社を設立した松尾氏は、米ヌカを代用原料にしただんごを販売。

その後、食糧難によって多くの人が栄養不足だったため、健康に役立つ商品作りを目指し、カルシウムの「カル」とビタミンB_1の「ビー」を組み合わせた造語を考案し商品名に冠する。これが現社名の由来で、変更は１９７３年である。

イオン
「永遠」を意味するラテン語から

国内外約３００店舗を展開する流通大手のイオンは江戸時代中期の１７５８年、現在の三重県四日市市に開業された太物・小間物商の篠原屋に端を発する。

篠原屋は明治時代の１８８７年、岡田屋に改称。１９２６年に法人化し、株式会社岡田屋呉服店が設立された。

岡田屋呉服店がスーパー業を始めるのは１９５９年のこと。

このときに社名も株式会社岡田屋に変更される。１９６９年にはフタギ株式会社、シロ株式会社と連携し、共同仕入会社のジャスコ株式会社を設立。

当初、社名は日本ユナイテッドチェ

ーン株式会社に決定したが、長すぎるとの意見があり「Japan United Stores Company」の頭文字をとって「ジャスコ」となった。

やがて岡田屋は関連会社を合併してジャスコに1本化し、2001年にはイオン株式会社に社名を変更。

イオンはラテン語で「永遠」を意味し、お客への貢献を永遠の使命とするという企業理念に、グループが永遠に発展と繁栄を続けるという願いも込めた。

湖池屋　社名の「湖」は諏訪湖を意味していた！

日本で初めてポテトチップスの量産化に成功し、現在、カルビーに次いで業界シェア2位の株式会社湖池屋（こいけや）。創業は1953年で、その頃から現在の社名を使っている。

創業者の小池和夫（こいけかずお）氏は、高校を卒業すると上京し、甘納豆屋で働きながら商売の基本を習得。その後独立して、あられやおかきを製造販売する。

ある日、小池氏は仕事仲間と訪れた飲食店で初めて食べたポテトチップスのおいしさに感動。まだ、日本ではほとんど知られていなかったが、商品化に向けた研究を開始する。

そのあとバーなどの飲食店向けに販売を始め、アメリカのポテトチップス工場を参考に、自動で製造する装置を開発し、1967年には量産化する。

小池氏は長野県諏訪市の出身であり、「諏訪湖のように大きな会社に成長してほしい」との思いを込めて名字に諏訪湖の「湖」の字を当てた。現在は年間約3億袋を売り上げるまでに成長している。

東宝　宝塚歌劇団と関係していた！

映画の製作や配給、演劇興行などを中心に事業を展開している東宝株式会社の前身は、宝塚歌劇団に関連している。

阪急電鉄を設立した実業家小林一三（こばやしいちぞう）は東京での常設会場開業を前に1932年、株式会社東京宝塚劇場を設立した。2年後には東京・日比谷に劇場をオープンさせる。

また1937年には映画の製作会社、スタジオ、配給会社が合併して東宝映画株式会社が設立される。小林は演劇と映画の2本立てで事業を拡大させたのだ。1943年には東京宝塚劇場と東宝映画が合併。東京宝塚を略した現社名に変更された。

戦後の映画全盛期は、東映、大映、松竹、日活と並ぶ大手映画会社の一角（いっかく）を占め、特に『ゴジラ』シリーズは、子どもたちの間で多大な人気を博した。

アシックス　社名は古代ローマの詩人ユベナリスの言葉から

戦地から復員した鬼塚喜八郎（おにつかきはちろう）氏は、1949年に神戸市で鬼塚商会を設立。同年には改組し、鬼塚株式会社とする。その頃、鬼塚氏は戦友で当時は兵庫県教育委員会保健体育課長だった堀公平氏から、ある言葉を聞く。それは古代ローマ時代の詩人ユベナリスの言葉である「Anima Sana In Corpore Sano（健全な身体に健全な精神があれかし）」だった。

この言葉に感銘を受けた鬼塚氏は、スポーツによる健全な青少年の育成を目標に、本格的なスポーツシューズ作りをスタートさせる。

創業の翌年にはバスケットシューズを販売。鬼塚氏は選手や監督に直接意見を聞き、改良を進めながら全国を営業。この頃のブランド名は、強さと敏捷性をイメージさせる「トラ」と社名を組み合わせた「ONITSUKA TIGER」だった。

1958年には社名をオニツカ株式会社に変更。スポーツ用品メーカー2社との合併を経て、1977年にアシックスが誕生する。

この商号は、先のユベナリスの言葉の頭文字をとったもの。2020年7月から使われているブランドメッセージ「I Move Me（わたしを動かせ）」も創業哲学を基にしている。

ミズノ
創業者は「水野」なのに社名が「美津濃」なわけ

水野利八氏と弟の利三氏は1906年、大阪市で水野兄弟商会を創業。洋品雑貨や野球ボールの仕入れ販売を始める。そして1910年、現社名につながる美津濃商店に改名した。

利八氏は、かつての美濃国と呼ばれていた岐阜県の生まれで、出身地である大垣市西船町（現南切石町）は水運が盛んだった。そのことから、姓である「水野」

と同じ読み方のまま、「美濃」と舟とゆかりある「津」の字を組み合わせたのが社名の由来だ。

　利八氏は「将来、店が発展したとき、子孫以外の人材に立派な才能を持った人ができることも考えてますんや」と語った記録が残り、「津」には「海を渡り、店が世界的に発展できるように」との思いも込めたとする。

　1923年に美津濃運動用品株式会社、42年には美津濃株式会社とし、87年に現在のミズノとなるも、登記簿上は美津濃株式会社となっている。

三省堂　論語の言葉からとられていた！

株式会社三省堂は1881年に創業した出版業界の老舗だ。当初は東京・神田神保町で古書店として創業。社名は中国の古典『論語』の「学而篇」の一節「吾日三省吾身」（われ日にわが身を三省す）を由来とする。三省とは、何度も自分の行為を反省する意味。

　創業者の亀井忠一氏か、その叔父が考案したとされる。

　江戸時代の創業者は将軍家直参の旗本だったが、明治時代に入り書籍業を始める。始めた理由は、「良書を売り出せば、天下国家の利益になり、社運の隆盛は無限」という考えがあったとする。

　1912年、日本初の百科事典を出版するが、これが経営を圧迫して一度は倒産の憂き目にあうが、書店事業（現三省堂書店）を分離して再建するも、197

4年に会社更生法の適用を受け、81年に印刷部門を分離して再出発をとげた。

BMW 社名は何を略しているの?

メルセデスベンツと並ぶドイツの高級車メーカーBMW。

ドイツでの社名はバイエルン発動機製造株式会社（Bayerische Motoren Werke）だが、その頭文字をとった社名、ブランド名のほうが広く知られている。

創業は1916年。当初は航空機のエンジンメーカーで、社名もバイエルン航空機製造株式会社だった。翌年、現在の社名に改称している。このときバイエルン州の旗をモチーフにしている水色と白色のチェック模様のロゴマークも、商標登録された。

1923年には二輪車、6年後に四輪車の製造を開始。日本で輸入が始まったのは1950年代だ。

なお、社名の正式な発音はドイツ語読みの「ベー・エム・ベー」だが、1981年に設立した日本法人は英語読みの「ビー・エム・ダブリュー株式会社」である。

パイロット 文房具会社なのにどうしてパイロット?

筆記具国内大手メーカーの株式会社パイロットコーポレーションは、東京商船学校（現東京海洋大）教授で日本初の純国産の金ペン製造に成功した並木良輔氏と、並木氏を財政面で支援した実業家の和田正雄氏が1918年に創業した株式会社並木製作所をルーツとする。

製品の第1号は、木製の軸に14金のペン先をつけた「パイロットペン」。商品名の「パイロット」とは、船舶(せんぱく)の水先案内人を意味する言葉であり、そこから、「万年筆の先駆者」になりたいとの思いを込めたとする。

並木氏は教授に就任するまで海外貿易を担う貨物船の機関士だったため、船舶に関係する言葉を選んだのだろう。

ブランド名が社名となったのは、1938年のパイロット萬年筆株式会社から。1989年には株式会社パイロットに変更し、2003年には株式会社パイロットグループホールディングスが株式会社パイロットを吸収合併したうえで、現社名に変更した。

オリエンタルランド

関係者の熱意がそのまま社名に

東京ディズニーリゾートを運営する株式会社オリエンタルランドの設立は1960年。東京ディズニーランドがオープンする23年も前だ。

会社設立の前年、当時の京成電鉄社長や三井不動産社長らによって、千葉県・浦安地区に大規模レジャー施設を建設する「オリエンタルランド設立計画趣意書」がまとめられる。

関係者は「東洋(オリエント)一のテーマパーク」を目指す意気込みを持ち、事業名は「オリエンタルランド計画」と呼ばれるようになる。それがそのまま社名となった。

その後、漁業組合との交渉を経て埋め立て工事が１９７０年に完了。ヨーロッパやアメリカのレジャー施設を視察してディズニーランドの誘致が決定し、１９７４年にはディズニーの首脳が来日して基本合意に達し、79年に業務提携契約を取り交わしている。

吉野家 「吉野」は創業者の出身地だった

牛丼チェーン店「吉野家」の歴史は古く、創業は明治時代の１８９９年。当時はまだ東京・日本橋にあった魚市場に松田栄吉氏によって開かれたのが発祥だ。

お客である魚市場の労働者の仕事はハードで、ゆっくり食事をする時間もない。それを見た松田氏は、「牛肉をご飯と一緒にかきこんで胃袋を満たしてもらおう」と考え、牛丼だけの店を開業した。

その後、関東大震災による魚市場の築地移転に伴う店舗の移転、東京大空襲による店舗焼失といった苦難に見舞われたものの、お客の支持は広がる。うな重と同じくらいの価格であったにもかかわらず、牛丼目当ての客が途絶えなかったという。

屋号の由来は、松田氏の出身地である大阪・吉野町（現大阪市福島区）。１９５８年には松田氏の息子、瑞穂氏が株式会社化した。

瑞穂氏はアメリカでの視察で屋根がオレンジ色のコーヒーショップに目をつけ、遠くからでもよく見え、目立つということから、店舗の看板などに採用した。

◉左記の文献等を参考にさせていただきました――

「歴史から生まれた日常語の由来辞典」武光誠、「語源辞典 名刺編」草川昇、「外来語語源辞典」堀井令以知（以上、東京堂出版）／「語源」の謎にこだわる本」日本語倶楽部（雄鶏社）／「答えられそうで答えられない語源」出口宗和（二見書房）／「全図解モノの呼び名がわかる事典」中村三郎＋グループ21（日本実業出版社）／気になる日本語の気になる語源」杉本つとむ（東京書籍）／「悩ましい国語辞典」神永曉（時事通信社）／「絶対知らないものの名前」北橋隆史（幻冬舎）／「語源 面白すぎる雑学知識」野末陳平監修・日本語倶楽部編（青春出版社）／「みんなの語源 知って得する！」三上文明著・野口元大監修（山海堂）／「西郷隆盛はなぜ犬を連れているのか」仁科邦男（草思社）／「図説 日本刀大全」稲田和彦（学習研究社）／「日本史『剣豪』こぼれ話」渡辺誠（日本文芸社）／「刀匠がおしえる『日本刀の魅力』」河内國平・真鍋昌生（里文出版）／毎日新聞／日本漢字能力検定公式サイト／川口市立科学館ＨＰ／「Ｗｅｂ日本語」小学館国語辞典編集部／国立国会図書館リサーチ・ナビ／協同組合西日本帽子協会ＨＰ／ナショナルジオグラフィックＨＰ／ルーヴル美術館公式サイト／古代エジプト用語リイト／CNN.co.jp／帝国書院ＨＰ／多摩六都科学館ＨＰ／ＮＩＫＫＥＩＳＴＹＬＥ／東スポＷｅｂ／ダイヤモンド・オンライン／一般社団法人日本消火器工業会／金閣寺公式ＨＰ／銀閣寺公式ＨＰ／日本筆記具工業会ＨＰ／国立印刷局公式ＨＰ／東京タワー公式ＨＰ／全日本カレー工業協同組合ＨＰ／一般社団法人日本ハンバーグ・ハンバーガー協会ＨＰ／一般社団法人日本洋菓子協会連合会ＨＰ／日本豆腐協会ＨＰ／時事ドットコム／在日フランス大使館ＨＰ／music.jpニュース／株式会社文藝春秋ＨＰ／和楽Ｗｅｂ／他各掲載企業ＨＰ

KAWADE
夢文庫

アレの名前を言えますか?

二〇二二年二月二八日　初版発行

著　者……………博学こだわり倶楽部[編]
企画・編集………夢の設計社
東京都新宿区山吹町二六一〒162-0801
☎〇三―三二六七―七八五一(編集)
発行者……………小野寺優
発行所……………河出書房新社
東京都渋谷区千駄ヶ谷二―三二―二〒151-0051
☎〇三―三四〇四―一二〇一(営業)
http://www.kawade.co.jp/
装　幀……………こやまたかこ
印刷・製本………中央精版印刷株式会社
DTP……………アルファヴィル
Printed in Japan ISBN978-4-309-48559-1